漫畫圖解

古人如何過好這一生

在歷史的大風大浪中，
小人物如何在逆境中求生存

鏟史官 著

目次

黑夫與驚

家書抵萬金：
兩千多年前秦國士兵的征戰生活

秦王政二十三年（西元前 224），為了消滅實力雄厚的楚國，秦王嬴政親自去請老將王翦出馬，下令把所有能動員的軍馬都交給他。

在王翦、蒙武的帶領下，六十萬秦軍浩浩蕩蕩南征，花了兩年時間，滅了楚國。

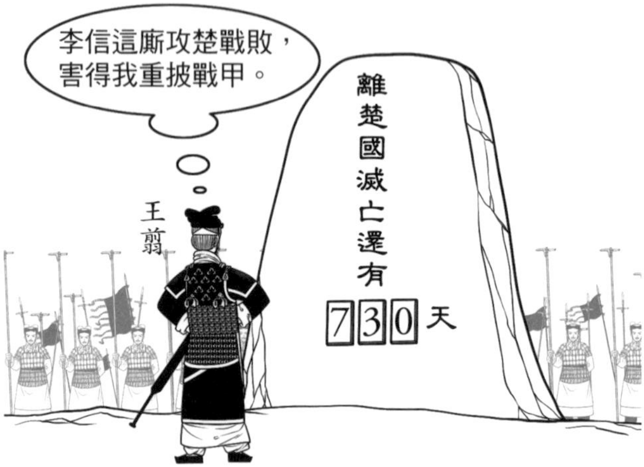
李信這廝攻楚戰敗，害得我重披戰甲。
王翦
離楚國滅亡還有
730天

關於秦滅楚之戰，《史記・六國年表》記載——

史記・六國年表
二十三
王翦、蒙武擊破楚軍，殺其將項燕。
二十四
王翦、蒙武破楚，擄其王負芻。

後世的我們回顧這場兩千多年前的戰爭，接觸到的是那個時代少數幾個上位者——

秦將王翦
秦將蒙武
楚將項燕
秦王嬴政
楚王負芻

可是，當時征戰的士兵是怎樣的人？有著怎樣的喜怒哀樂？千百年來，人們一直無法對此獲得直觀的認識，只能從那個時代的詩歌中尋找出一些雪泥鴻爪。

豈曰無衣？與子同袍。
王于興師，脩我戈矛。

直到 1975 年底至 1976 年初，考古人員在湖北雲夢睡虎地發掘了十二座秦墓，其中四號墓出土了兩件木牘——兩封秦軍士兵家書。

這兩封家書，是秦軍士兵黑夫與驚兄弟二人由駐地淮陽（今河南省周口市淮陽區）寄給在家鄉安陸（今湖北省孝感市雲夢縣）的兄長衷的信，距今已有兩千兩百多年了。

家書示意圖

淮陽
安陸

從兩封家書的字裡行間，我們可以一窺被歲月長河所掩埋的普通人的點滴和那個時代的風物。

第一封是黑夫和驚兄弟倆一起寫給哥哥衷的。

當時，黑夫和驚所在的秦軍部隊，準備攻打淮陽城（陳、楚舊都）。兩兄弟央求軍中的書吏，代寫一封家書並郵遞給遠方的家人。

寫一封信要多少錢？
百字十錢。
太貴了吧？
你嫌貴？我還嫌不夠貴呢！
那信一定會送到嗎？
驚
黑夫
書吏

信中的「衷」即睡虎地四號墓的主人。

二月辛巳，黑夫和驚再次寫信給大哥衷問安，媽媽還好吧？黑夫、驚都還好。

*直排內容為信的譯文，下文同。

秦漢家庭是家長制，家庭成員分為兩個層次，一是家長，一是家屬。父母俱在，父為家長；祖父在，祖父當然為家長；祖、父不在，祖母與母應同為家長。

家長順位圖

1 祖父
2 祖母
3 父
4 母
5 長子

在該信中，沒有提到黑夫與驚的父親是否健在，若其健在，信中的那種問候話語明顯不「合禮」，所以，他們的父親應該是去世了。

獨自拉拔大幾個孩子，
苦只有自己知道。
黑夫和驚的母親

春秋戰國時期，中國古代的家庭發生了變化，小家庭開始從宗族共同體中分離出來，成為獨立的經濟單位和社會單位。

秦國進行商鞅變法，實行「制土分民」，明確頒布「民有二男以上」必須分開居住，另立戶籍的法令，否則加倍徵稅。

分家三部曲

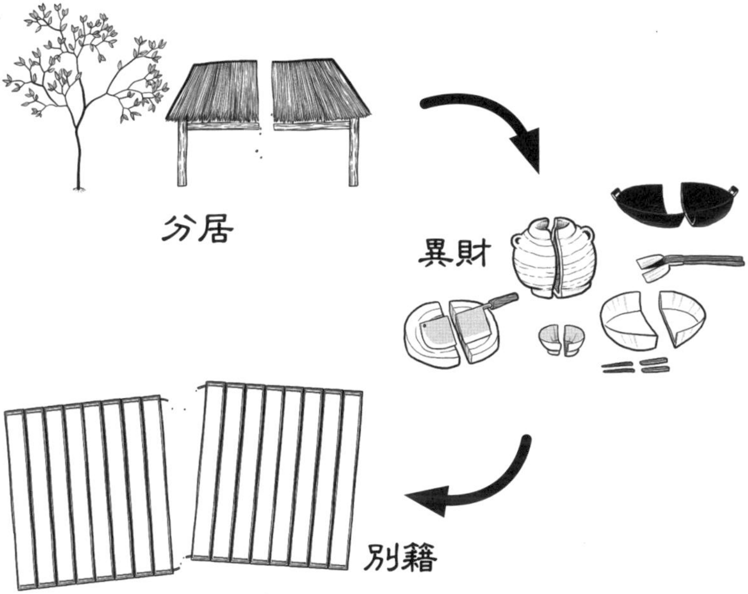
分居
異財
別籍

但從書信的前後內容來看，黑夫和驚極有可能與兄長衷的家人同住在一起，這是一個「大家庭」。

或許，在殘酷而漫長的戰爭年代，原本嚴苛的《秦律》在具體執行中存在變通的情況，畢竟男丁出征後，小家庭人力單薄，一起過日子更有利於保障生產和後勤供給。

母親、大姐孝、大哥衷、二姐季：
謝謝大哥照顧家裡，聽我說，謝謝你，因為有你……
——弟黑夫、弟驚
溫暖了四季？
大哥衷

前幾天黑夫與驚在隊伍裡分開，今天得以再次見面。黑夫委託益代寫信：請給黑夫寄些錢，母親順便做夏天的衣服寄來。

從這段話可以看出來，秦國的士兵要自己準備衣服喲。

但是，從兵馬俑坑已出土的軍人俑的著裝來看，不同兵種都有各自統一的鎧甲、軍服、鞋履等，其裁剪式樣、縫製工藝相當標準，很難想像是由成千上萬的士兵家屬自行製作的。

一支隊伍就是
要整整齊齊！

所以，當時秦國應該是國家統一發放軍服，但士兵袍內的中衣、內衣或許是出征前自備的。

如果是這樣的話，黑夫與驚的家裡可能並不十分富裕，出征時連夏天的中衣、內衣都無法備齊。

凡是能用錢解決的事，
我都解決不了。
徵兵令

「襌裙襦」就是
單層齊膝的長襦。
因秦俑將士身上無裙子，
所以此處的「裙」是襦的
長度修飾限制詞。

這封信寄到之後，要是安陸絲布不貴的話，母親一定要給我做襌裙襦，和錢一起寄過來。要是家鄉絲布貴，那就只把錢寄來就行了，黑夫就在這裡買布做衣服。

裙襦是天氣暖和時穿的，在豫東地區可以從仲春穿到孟秋。而且這還不是夏衣的全部。

秦俑坑軍人俑的衣服主要有襦、褶服、中衣、汗衣等；下裳有褲、行縢（綁腿布）、絮衣，另外還有護腿、鞋履等。

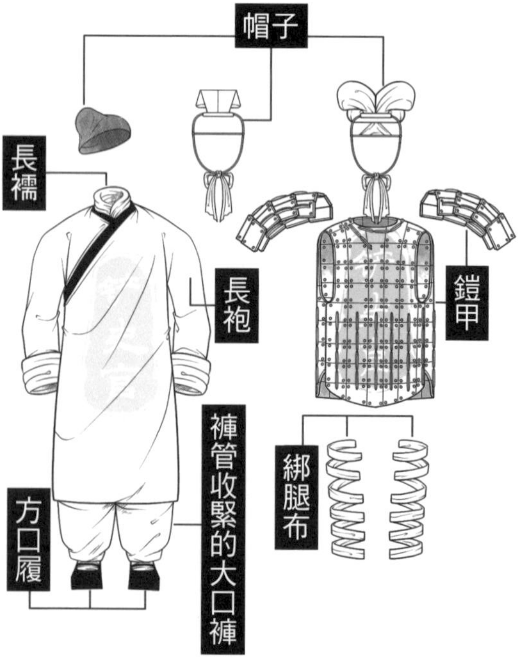
帽子
長襦
長袍
鎧甲
綁腿布
褲管收緊的大口褲
方口履

因此，黑夫可能是冬天時穿著複襦（註：內有綿絮的短衣）離家到部隊服役，冬去夏來，急需夏衣單襦，所以寫信向母親索取。

可能襦衣的形制比較靈活，比較適合勞作和行軍作戰，從而成了當時老百姓的常服。

天氣熱了，
我有精神了。
秦國士兵

穿上它，就是這條
街上最漂亮的人。

這裡的「反」應該是指昌平君在淮陽反叛之事。

黑夫就要隨大軍去淮陽了，攻打反城（淮陽）要很久，不知道會不會受傷，希望母親給黑夫的錢不要太少。

昌平君是楚國公子，父親是楚考烈王，母親是秦昭襄王之女。昌平君曾在秦國為官，協助秦王嬴政平定嫪毐的叛亂，當他母親的國度（秦國）攻打他父親的國度（楚國）時，處於兩難之間的昌平君，選擇站在楚國這邊。

你爸和你媽吵架時，你會幫誰？
昌平君
熊啟

擁戴昌平君的人，是楚國的大將——猛人項燕（楚霸王項羽的祖父）。項燕在一年前把秦國的大將李信（西漢名將李廣的祖先）打得丟盔棄甲，落荒而逃。

後世的我們看到秦國的戰神王翦滅楚輕而易舉，其實在當時秦國的士兵看來，這將會是一場惡戰。

所以，黑夫擔心自己攻打淮陽會受傷，便請他媽媽多寄點錢過來。

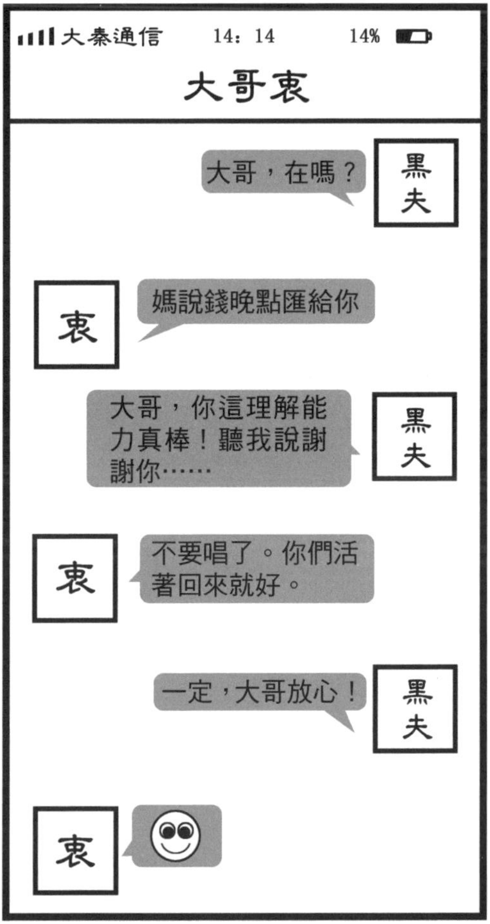

大秦通信 14：14 14%
大哥衷
大哥，在嗎？
黑夫
衷
媽說錢晚點匯給你
大哥，你這理解能力真棒！聽我說謝謝你……
黑夫
衷
不要唱了。你們活著回來就好。
一定，大哥放心！
黑夫
衷

這一段是戰國時秦國軍功賞爵賜田制的實證。
收到信後請盡快回信給我們，一定要告訴我們，官府給我們家授予爵位的文書是否送到了，如果沒送到也跟我說一聲……

秦國的軍功爵制始於商鞅變法，規定「斬首一名有爵位的敵軍，賞爵一級，賜田一頃」。

如此一來，在龍生龍、鳳生鳳的戰國時代，秦國的平民也有了階層躍升的可能了。秦國能夠在戰國群雄中脫穎而出，在很大程度上得益於軍功爵制。

種田不如打仗！
秦國平民

黑夫要求哥哥衷收到信後要回信，並一定要告訴他們，兄弟倆為家裡獲取的爵位，大王是否賜賞了。

只要獎勵給到位，
幹活不心累！
前線
後方
秦國　文書小吏

這說明秦政府機構的工作是高效率的：仗還沒打完，獎賞就落實到士兵的家裡了。

衣服和錢務必送到南軍……千萬別搞錯呀！替黑夫、驚問候姑姑。孝姊姊還住在以前的那個巷子吧？大姑夫婦安好嗎？……還有季姊姊，他們都好吧？此外，問問嬰記，事情辦完了沒？幫黑夫、驚問候夕陽呂嬰家、里閭諍家的老人……驚特別惦記他的新婦（妻子）和（女兒）娶，一切都好吧？新婦要好好照顧父母，別跟老人鬧彆扭。盡力吧。

這兩段是話家常。
我們梳理一下人物關係。

黑夫和驚的親屬關係（按出場順序）

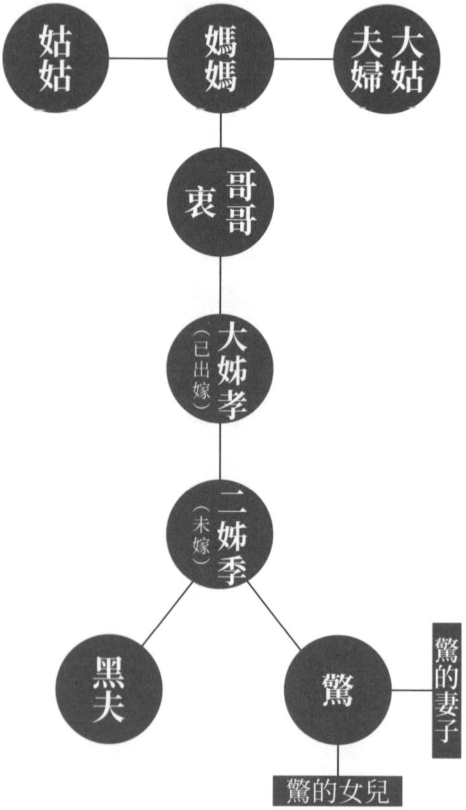
姑姑
媽媽
大姑夫婦
哥哥衷
大姊孝（已出嫁）
二姊季（未嫁）
黑夫
驚
驚的妻子
驚的女兒

從黑夫與驚的家書裡，我們能夠感覺到充盈在字裡行間的，出征在外的士兵對家人的惦念與牽掛。

此外，我們還能夠發現黑夫是個做事十分周到且心細如髮的人，比如，叮囑母親比較布的貴賤，從而選擇寄錢還是做衣服。

兄弟，你能看懂嗎？
這句你給我戳到痛點了……
驚
黑夫

如果再進一步，我們還可以想像到，黑夫和驚將要對陣的楚國士兵，也有著同樣的悲與喜。

雖然史籍中沒有留下楚國士兵的隻言片語，但從詩人屈原的辭賦中，我們可以看到對楚國陣亡將士的紀念——

身既死兮神以靈，
魂魄毅兮為鬼雄。
屈原

家書是在哥哥衷的墓裡發現的，作為陪葬品埋入墓裡，想來衷是非常珍視這兩封家書的，這是哥哥想念兩個弟弟的寄託情感之物。

或許，衷至死都沒有等來兩個弟弟榮歸故里。這可能就是黑夫和驚的結局。

我走後，讓兩封家
書去下面陪著我。
衷之妻
大哥衷

現在我們來還原一下黑夫與驚的情況：他們的父親已經去世，家境貧寒；他們出發作戰時著冬裝，面對強敵楚國，心中較為擔憂，一心想透過軍功取得爵位，又牽掛著家中的親人。在秦滅楚之戰後，這兩個兄弟或許沒能再回到故鄉，家書成為兄弟倆的絕筆。

昔我往矣，楊柳依依。
今我來思，雨雪霏霏。

史書上「秦滅楚」三字寥寥幾筆，筆劃的窄窄縫隙中，黯然藏著普通人的牽掛與眷戀。
沉寂兩千多年後，那些牽掛與眷戀，在無意中抖落了歲月的塵埃，遊弋到我們的面前。
今人不見古時月，今月曾經照古人。
史

編後語

1975 年底至 1978 年春，考古人員在湖北雲夢睡虎地發掘了十二座秦墓，其中四號墓出土了兩件木牘——兩封秦軍士兵家書。漫畫中的是十一號木牘，是黑夫和驚兩兄弟寫給哥哥的信。另外一封信，六號木牘，是驚寫給哥哥衷的。

六號木牘全文如下：

驚敢大心問衷，母得毋恙也？家室外內同……以衷，母力毋恙也？與從軍，與黑夫居，皆毋恙也。……錢衣，願母幸遺錢五六百，結布謹善者毋下二丈五尺。……用垣柏錢矣，室弗遺，即死矣。急！急！急！驚多問新負（婦）、妴皆得毋恙也？新負（婦）勉力視瞻兩老…… 木牘正面

驚遠家故，衷教詔妴，令毋敢遠就若取新（薪），衷令……聞新地城多空不實者，且令故民有為不如令者實，……為驚祠祀，若大發（廢）毀，以驚居反城中故。驚敢大心問姑秭（姊），姑秭（姊）子彥得毋恙？新地入盜，衷唯毋方行新地，急！急！急！ 木牘背面

大意如下：

驚衷心問候大哥，母親還好吧？家裡家外的一切全靠大哥了。

母親還跟以前一樣硬朗吧？出外征戰之後，我跟黑夫住在一起，我倆都安然無恙。……錢和衣服的事，希望母親能寄個五、六百錢來；絡布要仔細挑選品質好的，至少要二丈五尺。……我們借了垣柏的錢，而且都用光了，家裡要是再不寄錢來，就要出人命了。急！急！急！我非常惦記老婆和女兒嬰，她們都還好吧？老婆你要盡力照顧好老人家。木牘正面

我出門在外，嬰就拜託大哥你來教育管束了，如果要打柴，一定不要讓她去太遠的地方，大哥你一定要替我把她看好了……聽說我們秦國新攻占的城中的百姓大都逃走了，而且要這些居民幹什麼他們都不聽……幫我去看看宗祠，如果被毀壞，可能是我曾被圍於反城中的緣故。衷心問候姑姑，她和新生的孩子都好吧？新地城中有盜賊蜂擁而至，大哥一定不要去那裡，急！急！急！木牘背面

驚寫給大哥衷的這封信，也隱藏了很多時代的風物，解讀就交給各位讀者了。

郭解

睚眥必報，快意恩仇：
西漢遊俠的黑白人生

遊俠郭解，西漢人，家住河內軹縣（今屬河南省濟源市）。雖然不是出身於富貴人家，父親還因為犯法被處死，但郭解也是有家族背景的，因為他的外祖母是西漢有名的女相士許負。

我左眼看過去，右眼看未來，想要看運勢，請加入會員。
天機不可洩露，
每洩露一次一千文錢。
西漢知名女相士　許負

郭解的個子不高，膽子卻大，但凡有點不高興就動刀子。沒錢了就去聚眾搶劫，閒下來了就造假幣或者盜墓，絕對是個黑社會人士。

但可能是託了外祖母的福，郭解從小就運氣極佳，因為犯罪而被追捕時，他總能成功逃脫，就像受到了赦免。

在下外號「法外狂徒張三」，請多指教！
西漢遊俠　郭解

但是隨著年歲漸長，郭解的想法變了。

以前我沒得選，現在我想做個好人。做完這一單，洗手不幹！
郭解
行銀漢大

洗白哪有那麼簡單？
確實，不過郭解做了許多令人刮目相看的事情，其中最有名的有三件。
史

第一件事，跟郭解的外甥被殺案有關。

當時，郭解的外甥被刺死，而郭解並沒有第一時間查到兇手，這令郭解的姊姊十分憤怒，於是她沒有收殮屍體，反倒將屍體丟在路旁，以此來打郭解的臉。

禁止
扔垃圾
郭解的外甥

郭解雖然明面上沒有表態，私底下卻派人探查兇手的下落。誰知，他剛查出兇手的地址，兇手就主動來找郭解了！

一起喝啤酒。
郭解的外甥

原來，一切都源於萬惡的「酒桌文化」，郭解的外甥仗著郭解的勢力，逼人乾杯，甚至強行灌酒，因此惹怒了對方。

聽完了整個過程，郭解刻在 DNA 裡的記憶被喚醒。

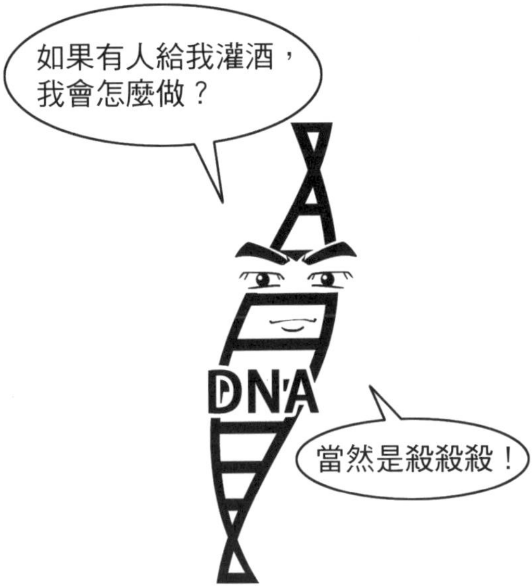
如果有人給我灌酒，
我會怎麼做？
DNA
當然是殺殺殺！

於是郭解放走兇手，收殮了外甥的屍體，連親外甥被人殺了都能原諒，郭解的仁義之名立刻傳遍鄉里。

郭解之外甥
躺平處

第二件事，我們可以稱之為「箕踞哥」事件。

由於郭解放走了殺外甥的兇手，他贏得講道義的美名，跟隨他的人也越來越多，他走到哪裡，人們都會恭敬避讓。

然而，有一位「箕踞哥」卻不把他放在眼裡。

君的名字？
郭解
呵呵！
箕踞哥
你叫呵呵？

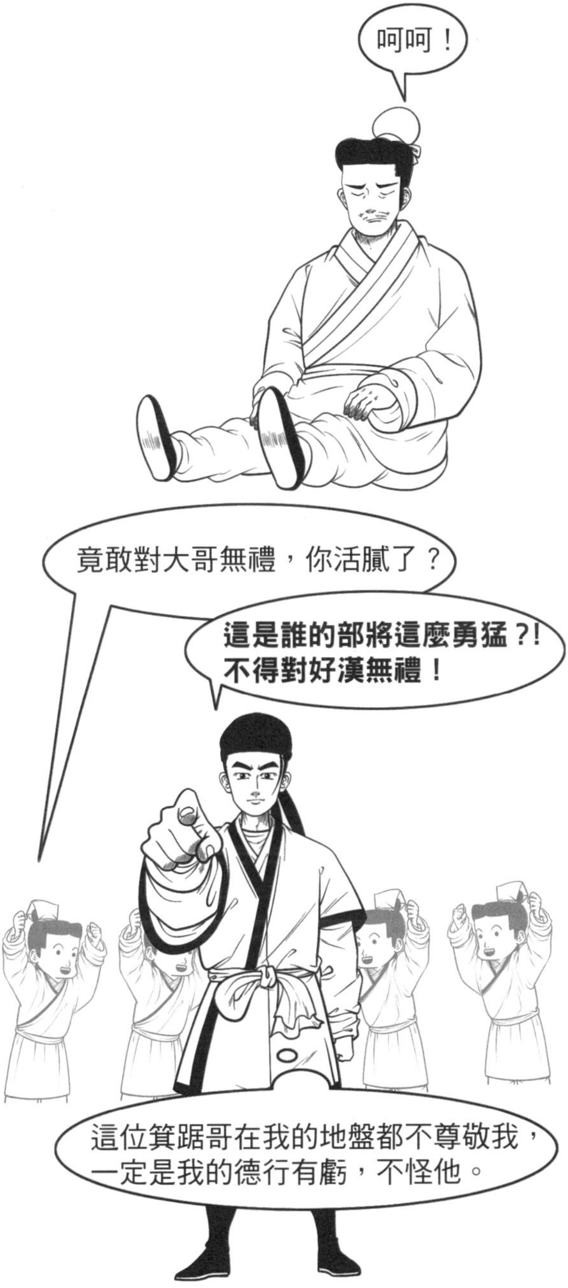
呵呵！
竟敢對大哥無禮，你活膩了？
這是誰的部將這麼勇猛?!
不得對好漢無禮！
這位箕踞哥在我的地盤都不尊敬我，
一定是我的德行有虧，不怪他。

郭解不僅不計較，還和地方官員打了招呼，於是每當輪到這位箕踞哥踐更*的時候，都不需要箕踞哥上班打卡。

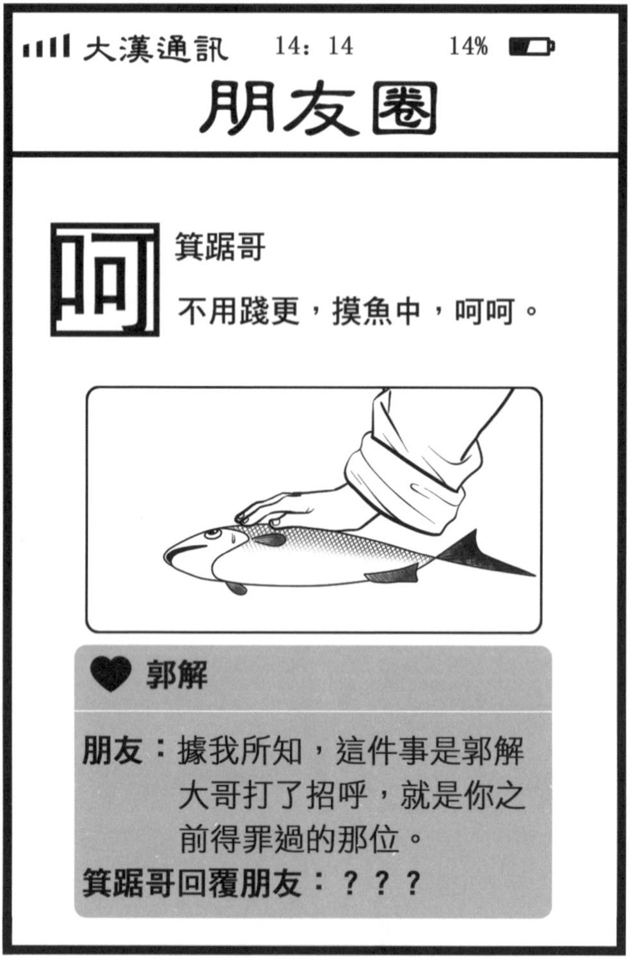
大漢通訊 14：14 14%
朋友圈
呵
箕踞哥
不用踐更，摸魚中，呵呵。
郭解
朋友：據我所知，這件事是郭解大哥打了招呼，就是你之前得罪過的那位。
箕踞哥回覆朋友：？？？

＊漢代法律規定，在籍的男丁每年要服役一個月，叫「卒更」。如果不想服役，可以花錢雇窮人替自己服役，每個月價格二千錢。窮人拿錢替人服役，被稱為「踐更」。

得知真相後，箕踞哥被深深震撼了。在山一般高、海一般深的大愛面前，他還能做什麼？只能使出古人的謝罪絕技——

我錯了！
快請起！有話
好好說，幹嘛
脫衣服？
郭
解
箕
踞
哥

第三件事則讓郭解紅遍了十里八鄉。郭解以德報怨的事蹟已經出名了，於是有人請他去外地幫忙解決難題。

當時在洛陽有一對仇家，積怨甚深，為了維護地方和平，很多鄉賢豪傑都前去調解，前前後後去了十幾個，最終結果都是同一個。

請問調解結果如何？
終究是錯付了。
洛陽金牌調解師

然而，郭解一出面，兩家人居然馬上就和解了。

我叫郭解，和解的解。
郭解
仇家甲
仇家乙
我們鬧著玩呢。
就是就是！

然而，郭解卻不同意。

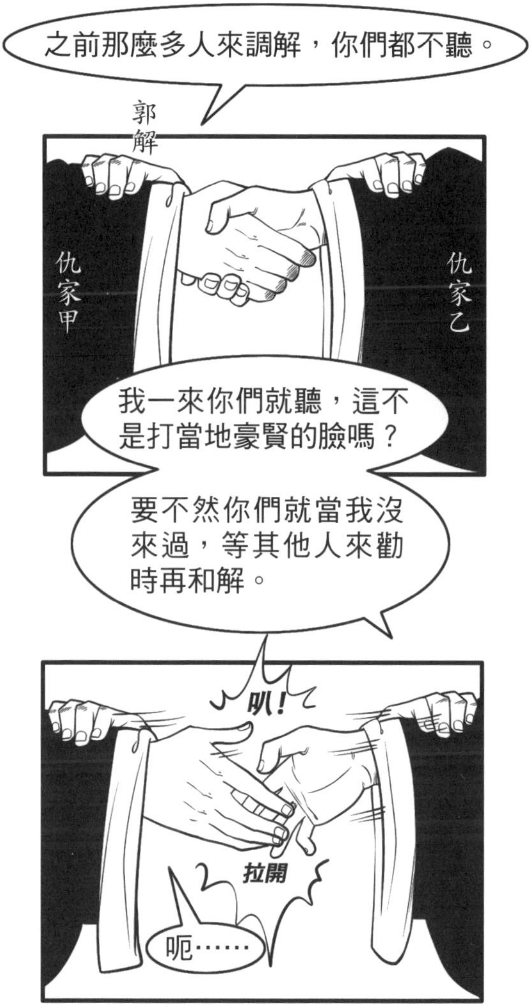
之前那麼多人來調解，你們都不聽。
郭解
仇家甲
仇家乙
我一來你們就聽，這不是打當地豪賢的臉嗎？
要不然你們就當我沒來過，等其他人來勸時再和解。
叭！
拉開
呃……

囑咐完後，郭解就連夜回了軹縣，揮一揮衣袖，不帶走一點功勞。

而兩家人也在當地豪賢面前，又演了一遍和解大戲。

謝謝黃老先生！
那個……
好的，我們和解！
調停亭
調停者
仇家甲
仇家乙
呃，我還沒說啥呢……另外，我姓王……

這三件事，以及平時的善舉，令郭解順利轉型，贏得了仁義、賢明、通情理的美名。

他成了少年們的偶像、當地的豪傑大老。有時他甚至不需要開口，就會有人自覺地替他殺人。

看起來，郭解將會在自己的地盤榮耀地過完一生。然而，有個人對此十分不悅，他就是劉徹。

什麼你的地盤他的地盤？都是我的地盤。
漢武帝 劉徹

遷茂陵令
推恩令

這些地方豪強兼併土地，縱橫鄉里，早已對中央集權和當時的土地政策造成了威脅。

為了鞏固中央集權，漢武帝頒布了兩道命令——

「推恩令」的宗旨，是要地方諸侯將自己的地盤分封給子孫，這樣諸侯國就會越分越小，勢力逐步瓦解。

推恩令示意圖

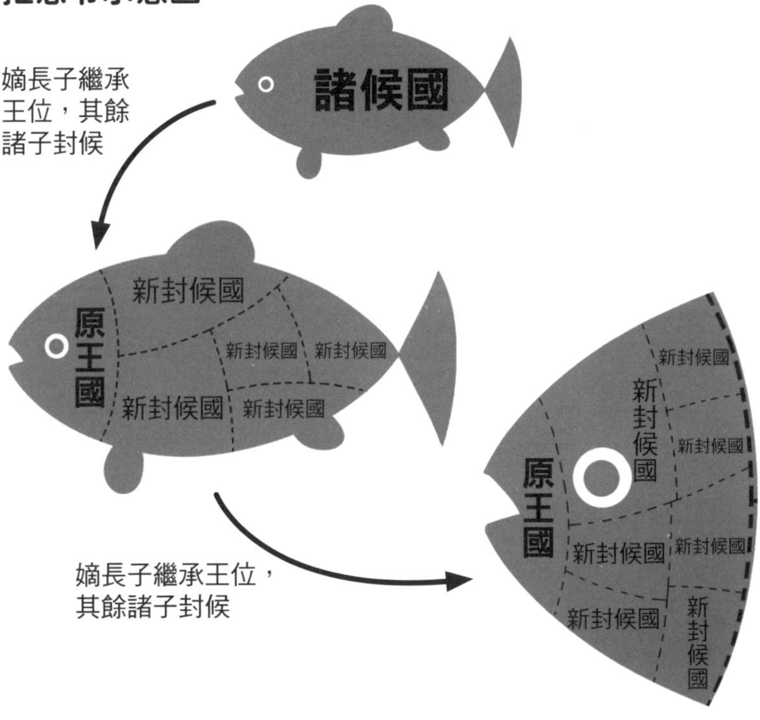
諸侯國
嫡長子繼承王位，其餘諸子封侯
原王國
新封侯國
新封侯國
新封侯國
新封侯國
新封侯國
嫡長子繼承王位，其餘諸子封侯
原王國
新封侯國
新封侯國
新封侯國
新封侯國
新封侯國
新封侯國
新封侯國
新封侯國

而「遷茂陵令」則更加徹底，這一命令要求將所有符合標準的地方富戶統一搬遷至漢武帝的陵墓所在地——茂陵生活。

家財超過三百萬錢的高端人士，
都來我眼皮底下吃羊肉吧。
漢武帝
遷令宣傳員

那我們家的廣闊良田呢？
富戶

折價賣給國家呀！

這道指令的下達，無疑是對地方勢力的全面掃蕩。

這些富戶搬遷至茂陵，原有田地由政府收購，令土地政令更容易推行；地方勢力被連根拔起，也鞏固了中央集權；再加上茂陵離國都長安很近，方便監視管理，可謂一舉三得。

茂陵就這麼變成了富人的聚居地。

我家有錢又有田！
我是茂陵人。
高情商
低情商

郭解家並不富裕，遷往茂陵的名單中本不該有他。然而，命運沒有再次眷顧他，還跟他開了個玩笑。

當時，負責擬定遷移名單的官吏姓楊，是當地的縣掾（掾，古代官署屬員）。

楊縣掾是個聰明人，看透了「遷茂陵令」的核心精神，所以他沒有拘泥於三百萬的標準，將郭解寫入名單。

雖然我是地方大老，但我沒有三百萬啊。
雖然你沒有三百萬，但你是地方大老啊！
郭解
楊縣掾
遷移名單
有他在，官府就不自在，還是趕緊讓這種野生大老搬走！

雖說遷移補償款很可觀，但誰願意離開自己的地盤？很多地方豪強都想方設法逃脫搬遷。

而郭解的方法，無疑是最有面子的那種。他居然設法讓皇后的弟弟、大將軍衛青替他說情。

軹縣有個郭解，沒啥勢力，
要不別讓他遷移了。
連你都請動了，
還不夠有勢力？
看穿你！
衛青
漢武帝

於是事情就這麼定了。郭解不得不背井離鄉，踏上前往茂陵的路途。

他的仰慕者聚集在一起為他送行，光是送給他的錢，就超過了千萬。

你讓我叔搬家，我
讓你的腦袋搬家！
你看，這不就超
過三百萬了。
我背井離鄉了！
郭解侄子
楊縣掾
名單
郭解
井

郭解的侄子因此懷恨在心，伺機砍掉了楊縣掾的頭，楊家和郭家從此結仇，勢成水火。而楊縣掾是當地人楊季主的兒子，據說楊季主要找郭解「討說法」，被郭解的追隨者「以德服人」送去西天。楊季主的家人上書，又被殺死。

你好，我是做棺材的，
我關注你們很久了。
……
井棺發財

漢武帝得知消息後，便下令緝拿郭解。

郭解從此開始了逃亡生活，但即便如此，他也選擇做個誠實的逃犯。

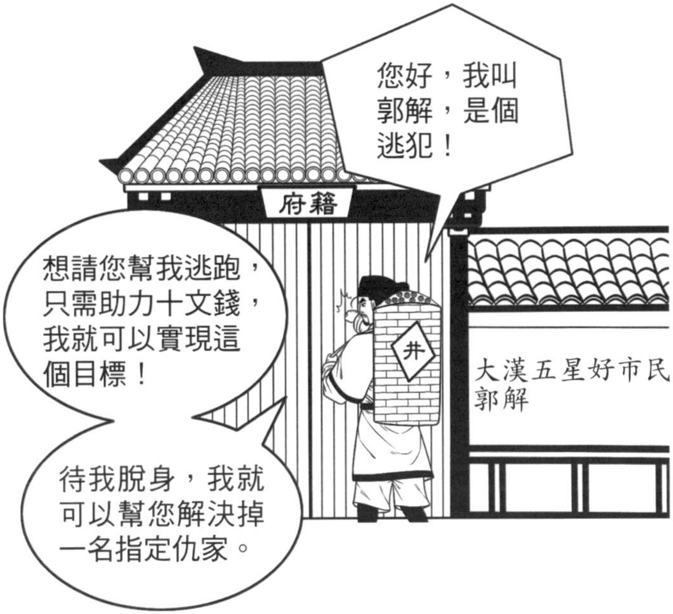
籍府
您好，我叫郭解，是個逃犯！
想請您幫我逃跑，只需助力十文錢，我就可以實現這個目標！
大漢五星好市民郭解
待我脫身，我就可以幫您解決掉一名指定仇家。

郭解的坦誠打動了很多人，特別是一位叫籍少公的人。

後來，官兵順著蹤跡追到了籍少公家。為了保護郭解，籍少公竟不惜自殺。

太狠了…
1

官兵

線索中斷後，官府追緝了很久，才將郭解抓捕歸案。在對郭解進行徹底審訊後，官員們震驚了。

郭解案件卷宗
官員
讓我看看刑（行）不刑（行）。

但出人意料的是，對於前科累累的郭解，主審官居然打算判他無罪。

為什麼？!
《史記》中並未記載郭解被捕的時間。
史
連被捕時間都沒有啊！
但負責監察本案的御史大夫叫公孫弘，在元朔三年至五年間擔任御史。

也就是說，郭解被捕的時間是元朔三年至五年。
這個時間有啥特殊的嗎？
嘿嘿……
在元朔元年三月、元朔三年三月，漢武帝都曾下令大赦天下！
所以，根據上下文推斷，郭解逃亡的時段，他至少經歷了一次大赦！
只要他在大赦後不再犯下新的罪行，理論上就可以被赦免！
史
史
史

由於郭解在法律的底線上來回踐踏，官員們也不想輕易放人，他們翻遍了卷宗，終於找到大赦之後和郭解有關的新案子。

這個案子發生在郭解的老家軹縣，當時一個儒生接待了一位客人，這位客人是郭解的門客。在席上談論時，二人因郭解發生爭執，最後門客怒殺儒生。

我跟你講，郭解其實很賢明的！
客人
一個殺人犯有什麼賢明的？
儒生
聒噪！
我來告訴你，郭解賢明在……

他很賢明！

客人將儒生殺死後，還割下了他的舌頭，可謂殘忍至極。但郭解確實對此毫不知情，殺人兇手還跑了，根本無法查到任何能治郭解罪的證據。

主審官實在沒辦法，只好奏報郭解無罪。

誰都無罪，
人白死了？!
漢武帝

一時之間，懂法的和不懂法的都沉默了。然而，負責監察的御史大夫公孫弘提出了新的思路。

雖然他這次沒動手，但人們一直為了他而動輒殺人，這比他親手殺人的罪孽更深！
御史大夫公孫弘
我認為應該按大逆無道罪論處！

大逆不道不敬罪，是西漢重罪，即使大赦天下，此罪也很難赦免。

就這樣，郭解被判處族刑（一人犯罪誅滅全家族）。

他曾經睚眥必報，私下仇殺，以武犯禁，也曾經謙讓守禮，以德報怨，俠義為懷。

然而，無論他這個人是善是惡，在他身死族滅的悲劇之後，是西漢鞏固中央集權的滾滾車輪。

雖然古之遊俠快意恩仇，但現在是法治社會，大家有什麼糾紛，一定要透過法律途徑解決喲。
小愛，說得好！
史

編後語
史

郭解的故事記載於《史記·遊俠列傳》中，在很長一段時間裡，郭解都被認為是古代遊俠的代表人物。

如今，受梁羽生、金庸、古龍等撰寫的新派武俠小說的影響，人們對俠客的印象往往和正義、善良掛鉤，如「大丈夫有所不為，有所必為」（古龍），或「為國為民，俠之大者」（金庸），而郭解顯然不符合這種形象。

司馬遷在《史記》中說，遊俠「其行雖不軌於正義，然其言必信，其行必果，已諾必誠，不愛其軀，赴士之阨困，既已存亡死生矣，而不矜其能，羞伐其德，蓋亦有足多者焉」。這其實並非單純讚美遊俠，而是以一種客觀立體的角度看待他們，一方面，承認俠客的所作所為不符合當時的法則秩序，另一方面也認可了俠客豪傑們守信、重義、慷慨、謙遜等美德。

從統治者的角度來看，郭解盜墓、製作假幣、殺人復仇，而且形成了規模不小的豪強勢力，他的行為無疑干擾了規則秩序。然而，這麼一名前科累累的「罪犯」，在鄉里人看來，卻是一位賢明俠義的大好人，人們崇拜他，追隨他，甚至出現了排隊請郭解來家裡住的情況（夜半過門常十餘車，請得解客舍養之），可見其人氣之高。

這對矛盾背後的原因有二：

其一，是中國鄉土社會結構所致。費孝通在《鄉土中國》中說，中國鄉土社會的基層結構是「一根根私人聯繫所構成的網路」，「以『己』為中心，像石子一般投入水中，和別人所聯繫成的社會關係……像水的波紋一般，一圈圈推出去，愈推愈遠，也愈推愈薄。」

對鄉里人而言，漣漪最外層，也就是籠罩在所有人頭上的「公」，離自己非常遙遠，而鄉里公認的道德和秩序則離自己更近，對自己影響更大，也就更有遵守的必要。因此，雖然郭解違反了國家法律，但他非常注重經營人際關係，至少在掌握鄉里話語權的人看來，郭解是個「上道又懂分寸的人」，而非惡劣的罪犯。

其二，是鄉里規則所致。在漢代，相比於法律來說，鄉土社會更重視傳統與禮治，而郭解長大後，「更折節為儉，以德報怨，厚施而薄望」，這在當時的人看來，是非常可貴的美德，符合禮的要求，因此，郭解也成了當時的榜樣人物，是少年們的偶像。

所以，郭解事件就如一座冰山，水面上可以看到的，是郭解與他的追隨者在殺人報仇，肆意犯禁，而在水面之下，是更可怕的事情——地方上存在著一套自有規則，當這套規則與法律相悖時，鄉里人往往會優先遵守地方的那一套。

這也就是為什麼，在郭解遇到困難時，有那麼多人支持他、保護他，甚至不惜殺人或者付出自己的生命。

不過，《史記》中的兩個細節也值得深思，一個是提到郭解出入的時候，「人皆避之」，這個行為背後很可能不僅有尊敬的意思，還帶著一定的恐懼；而最後給郭解定罪的殺人案中，被害者也曾說過「郭解專以奸犯公法，何謂賢！」。這都反映了當時並不是所有鄉里人都認可郭解的行為。對於這位鄉里偶像，人們心中更多的也許是害怕，而非喜愛與親近。

至於到底有多少人像那名被割掉舌頭的書生一樣厭惡他，底層百姓對他的恐懼更多，還是敬愛更多，便無從查證了，畢竟，即使在鄉里，也並非人人都有發言權。

杜環

他為大唐而戰，卻被命運流放到非洲

跨國旅行對現代人來講，只是花點錢的事。但在古代，遠渡重洋後能活著回來的，都永垂不朽了。比如鄭和下西洋，最遠到達非洲東岸就在歷史上留下了一筆。

其實，在鄭和出發之前約七百年，就有中國人遠赴非洲了。這位不太出名的旅者叫杜環，出身於京兆杜氏。正是這趟旅行，讓他與那些大老族親一樣名垂青史。

出航！
大明水師

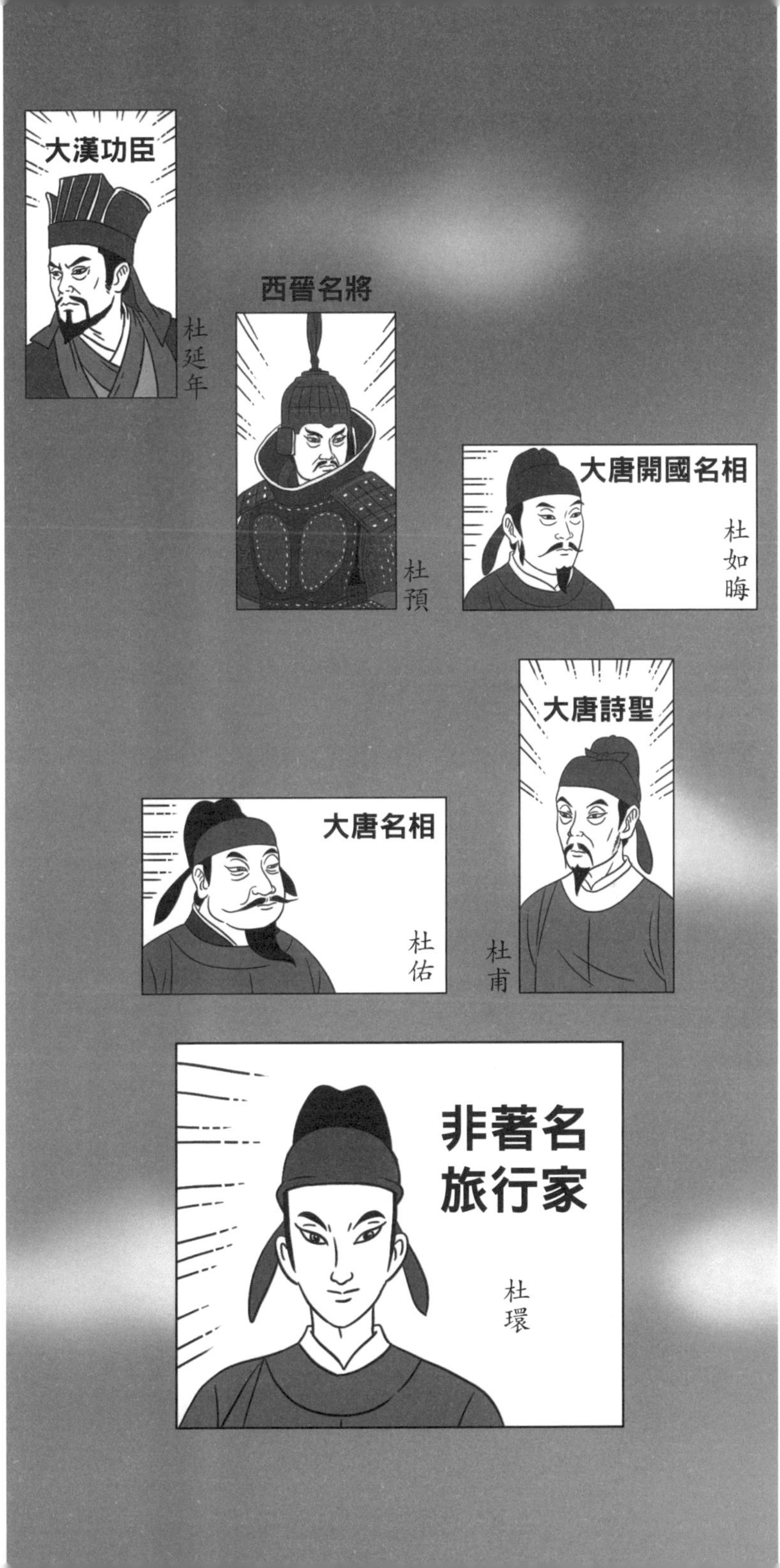

大漢功臣
杜延年
西晉名將
杜預
大唐開國名相
杜如晦
大唐詩聖
杜甫
大唐名相
杜佑
非著名
旅行家
杜環

不過，在這趟為期十一年的旅行中，杜環一開始就被回家的念頭折磨著，因為他是被人抓過去的。在大唐天寶十年（751）的怛羅斯之戰中，他不幸被大食人俘虜。

你想去非洲嗎？
自媒體網紅 某一旦

怛羅斯，是西域小邦石國（在今烏茲別克首都塔什干一帶）的一座城池，即現今哈薩克的塔拉茲市，與長安的直線距離有三千三百多公里。

大食，則是當時的阿拉伯帝國。

杜環為什麼會被大食人俘虜？
當時的大食帝國和唐帝國、東羅馬帝國並肩，是地球上最強大的國家之一。
史

現今的二十多個阿拉伯國家，都遠在非洲和西亞。但當年的大食是一個遼闊統一的帝國，與大唐只隔了幾個西域國家。初唐時，大食東進，西域諸國害怕，抱住大唐的大腿。大唐也樂於收下這群小弟。

白衣大食
唐高宗 李治
大哥救我們！
波斯皇帝
粟特國王

幾十年來，大唐多是「嘴炮」支援，而大食的進攻卻是真刀真槍，不少小弟撐不住「跪」了。唐玄宗正發愁時，機會來了，大食出現了內亂！黑衣大食正忙著推翻白衣大食，而位於唐附近的小邦石國，也政局不穩。

要不要趁機打一仗？
唐玄宗　李隆基

天寶十年，唐玄宗遣安西軍西征石國。杜環就在這支隊伍裡，作為「官N代」，杜家在軍界頗有人脈：叔祖父杜希望，曾任隴右節度使，是很多西北宿將的老上級。

好好幹，我看好你，我叔爺就看好你！
你就是杜老首長的侄孫子啊！
安西副都護　高仙芝
杜環

安西軍將領高仙芝，曾遠征小勃律（在今喀什米爾吉爾吉特）、奇襲羯師（在今巴基斯坦北部），一年前又活捉了石國國王，此次西征，理應輕車熟路。對杜環而言，跟著常勝將軍「混人頭」，應該是萬無一失的。

①撿人頭，立戰功
②靠軍功，當大官
③回長安買房，迎娶白富美
真香！

高仙芝率領隊伍長途奔襲，深入敵境七百餘里，最後在怛羅斯與大食軍隊遭遇。雙方激戰五天，最終唐軍戰敗。

為什麼理想和現實的差距這麼大……
俘虜 杜環

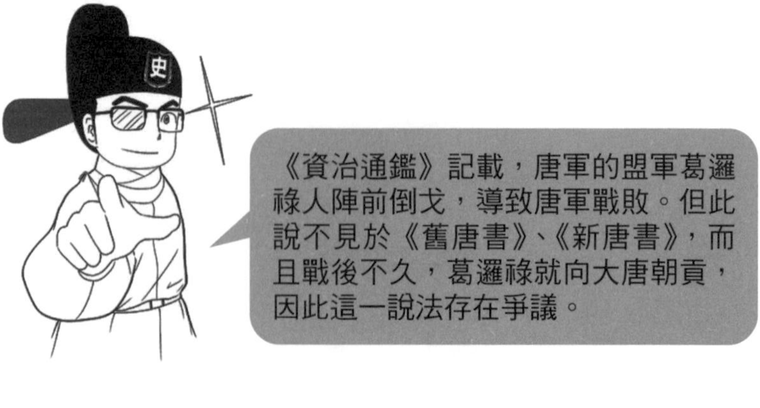
史
《資治通鑑》記載，唐軍的盟軍葛邏祿人陣前倒戈，導致唐軍戰敗。但此說不見於《舊唐書》、《新唐書》，而且戰後不久，葛邏祿就向大唐朝貢，因此這一說法存在爭議。

據《舊唐書》記載，此戰唐軍只有幾千人倖存，大批唐軍被大食軍俘虜，被迫踏上西行之路。據《經行記》可知，杜環也在其中，此時，他大概是一名價值六百第納爾（阿拉伯帝國第一種用文字做錢文的硬幣）的奴隸。

ماذا تفعل؟
（你在幹嘛？）
記錄一下我的見聞，說不定會永垂不朽呢。

在大食東方軍團的押解下，戰俘們從石國前往寧遠國（今烏茲別克的費爾干納地區）。在怛羅斯之役中，寧遠國人曾與唐軍並肩作戰，這自然招致了大食的報復。

作為昔日的大唐將士，杜環此時能做的，卻只有動動筆，述說唐人在這裡曾經的歡歌與榮耀。

寧遠國王
和義公主
大唐天寶三年（744），嫁和義公主於此⋯⋯

離開寧遠後，戰俘們穿過現今的烏茲別克，渡過阿姆河，輾轉前往大食東方（呼羅珊）總督的駐地木鹿（今土庫曼馬雷市），並滯留於此。這與百年前玄奘西行的路線有所重疊。

只是玄奘弘法西域的願望，此時已成泡影。大食人早已焚毀了康國（在今烏茲別克的撒馬爾罕一帶）的佛寺。

杜環行經時，康國的祆祠和木鹿的佛寺尚存，但大唐的戰敗，已經為祆教和佛教在西域諸國的消亡埋下伏筆。

焚毀佛寺？大食人對異教只是一味鎮壓？
史
大食帝國允許異教徒保持原有信仰，但異教徒必須繳宗教稅，權利、地位、待遇也受到限制。在這種情況下，異教徒難免逐漸改信伊斯蘭教。

從被俘到抵達木鹿，杜環耗費了四至六年的時間。在這些年裡，戰俘們各自流散。其中一部分被扣留在康國，因為大食將領看中了這群人掌握的高科技：造紙術！

孺子不可教也！這是給你學文化用的！
真是好東西啊！比用樹葉擦鼻涕舒服太多……
老土，連紙都沒見過！

唐代的工匠地位低下，而杜環出身於官宦世家，不太可能精通手工業技術。從後來的行程推測，他應當在木鹿被編入了大食的東方軍團，在文字語言不通的異國，這恐怕是確保他活著回家僅有的選擇。

想自由，
就好好幹！

這四至六年裡，還發生了幾件大事：一是天寶十一年（752），大食與大唐恢復了中斷四年的通使，卻沒人在乎這群流落外邦的大唐將士。

大唐新聞
今日辰時，皇帝陛下在大明宮含元殿親切接見了大食使團。會談期間，雙方就西域勢力劃分問題充分交換了意見。
按下暫停鍵四年後，西域剛剛宣布了一個決定
午時三刻
小人物系列一經發布，網友紛紛淚崩……

當初為何要打仗？
如今誰帶我回家？

二是天寶十四年（755），安史之亂爆發。這意味著，大唐從此再也無力顧及西域。大食卻於至德二年（757）派出四千兵馬馳援唐廷。當這支軍隊經木鹿東行時，不知杜環會做何感想。

三是同一年（755），指揮怛羅斯之戰的呼羅珊總督，因功高蓋主被哈里發（君主）處決了，其領導的軍隊也逐步被哈里發掌握，調入帝國中心伊拉克。總督死後不久，高仙芝也命喪安史之亂中。

哈里發曼蘇爾一世
唐玄宗
原來我和高，也不過是別人的棋子。
杜環

大食的軍隊抵達伊拉克後，參與了新首都的建設。此時，杜環在大食漂泊七、八年了，已經能將阿拉伯語禱詞翻譯成押韻的漢語，但他仍會流露出對當地風俗的不解。波斯祆教徒以近親結婚為常，在杜環眼裡則是「蒸報（亂倫）」；阿拉伯人在齋月夜裡吃肉，也讓他感到驚訝。

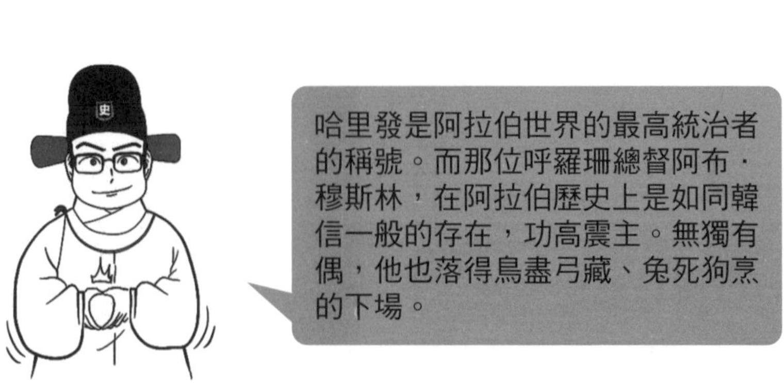
史
哈里發是阿拉伯世界的最高統治者的稱號。而那位呼羅珊總督阿布·穆斯林，在阿拉伯歷史上是如同韓信一般的存在，功高震主。無獨有偶，他也落得鳥盡弓藏、兔死狗烹的下場。

你居然敢娶
堂妹？
不娶堂妹，難
道娶親哥？
波斯人
你們齋戒居
然吃肉？
是的。
阿拉伯人

身為開放的唐人，杜環倒也沒有一味批判異國風俗。大食人優秀的一面，也被他記錄下來，譬如「**衣裳鮮潔，容止閑麗**」的大食姑娘，「**法唯從寬，葬唯從簡**」的大食習俗。

主要是人家妹子確實好看……
你的眼睛有透視功能？

在一群東羅馬人身上，杜環則看到了自己的影子：他們也是戰俘。這群同樣有家不能回的人，「守死不改鄉風」，堅守著原有的生活習慣、宗教信仰。

你是拂菻人？
也是被抓來的？
Είσαι Κινέζος?
Είσαι αιχμάλωτος πολέμου?
（你是絲國人？
也是被抓來的？）
拜占庭戰俘

杜環在伊拉克最難忘的經歷，莫過於在新首都的建設中，與四名唐人相逢。在他有限的紀錄裡，赫然保存了這四人的籍貫、姓名和職業。

京兆人・金銀匠・樊淑
京兆人・畫匠・劉泚
河東人・織絡者・呂禮
河東人・織絡者・樂隈
萬一你能回京兆，就告訴我家人。
沒問題！
把我們的名字記下吧。

這些工匠最後是否重返故里，我們不得而知。但他們親手建設的這座偉大城市，則在人類歷史上留下了一筆。至今，這座都會仍矗立在伊拉克原野上。唐人稱之為「縛達城」，現今被稱為「巴格達」。

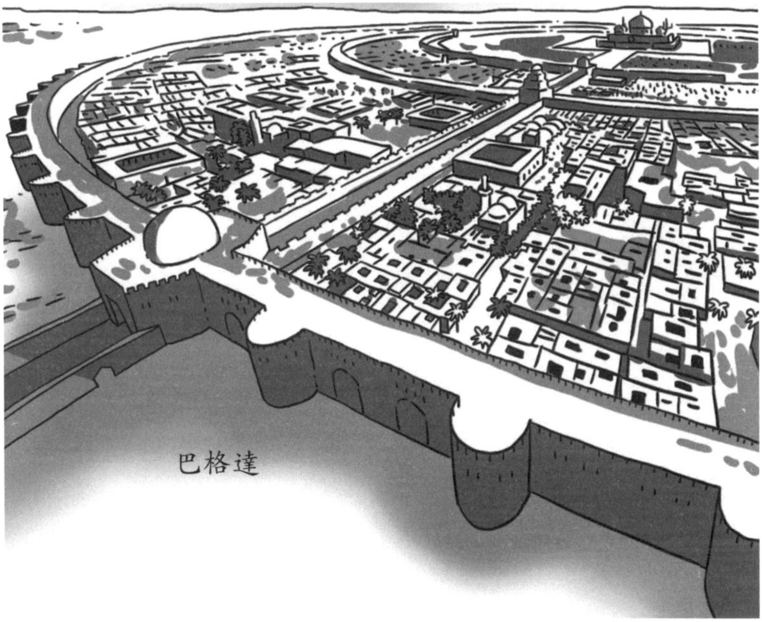
巴格達

西元 758 年，大食的戰爭機器又轟鳴起來。哈里發對盤踞北非的前朝餘孽和異端教派發起進攻。杜環和其他三萬呼羅珊軍隊士兵，離開尚未建設完成的巴格達，前往敘利亞，渡過地中海，抵達北非。

戰火在利比亞和突尼斯一帶的黃沙大漠間燃燒了四年。與杜環並肩作戰的，有阿拉伯人和黑人，或許也有當年一同被俘的大唐戰友。

十一年了，
越來越遠。

仗打
完了。
我也自
由了！

761 年八月，大食收復摩鄰國首府凱魯萬。在這個離家最遠的地方，曾想為大唐建功立業的杜環，大概真的憑藉軍功，獲得了自由身。

唐寶應元年（762），杜環在紅海或波斯灣沿岸，搭上一艘前往大唐的商船，在印度洋上漂泊三個月，商船終於來到廣州港。時隔十一年，杜環終於又踏上故國的土地。

廣州港

嶺南好風景，落花時節又逢君。只是此時的大唐已經物是人非。杜環出征時，大唐還處於開元盛世期間，回來時已經處於安史之亂的末期。

老闆，這水盆羊
肉怎麼酸了？

　　這十一年的經歷，被杜環編輯成《經行記》一書。其中的一千五百多字，被小他幾歲的族叔杜佑收錄到《通典》中，倖存至今。該書更多的內容，則如同千萬名流落異域的唐軍戰俘一樣，消失在時光裡。

經行記

只有那群留在撒馬爾罕的中國戰俘，被阿拉伯史家記錄下來。他們將造紙術傳播到中亞，繼而擴散到西亞、北非和歐洲等地，掀起一場書寫材料的革命，改變了人類的歷史。

造紙術從中國傳到撒馬爾罕……不僅利濟一方，實在也是全世界人類的福祉……

阿拉伯史學家　塔阿萊比

編後語
史

讓杜環名載史冊的怛羅斯之戰，是網路上的熱門話題。不同於被大唐輕鬆按在地上「摩擦」的古印度，地跨歐亞非的大食——阿拉伯帝國，是中國戰爭史上少有的強悍對手。

阿拉伯人原本是不起眼的角色。他們出身於散居阿拉伯半島大漠的遊牧部族，生活在羅馬、波斯等大帝國的陰影下，如沙塵般卑微。但西元七世紀上半葉，在新興宗教的感召下，這些沙塵竟匯聚起遮天蔽日的風暴，席捲了從西班牙到印度西部的廣闊天地，史稱「大征服」。

在「大征服」的風暴中，波斯帝國轟然倒塌，中亞從此暴露在阿拉伯人的刀鋒前；而與此同時，天下初定的大唐，為應對來自北方草原的威脅，也在向西域拓展勢力。到高宗年間，雙方在中亞的碰撞，已不可避免。永徽二年（651），大食首次遣使赴唐；大概同一時期，唐朝開始支持波斯復國運動。唐、食雙方初接觸，即拉開對抗的序幕。

這場對抗拉鋸百年，並不輕鬆：唐軍將士贏得過逾越蔥嶺（帕米爾高原）、耀兵異域的榮耀，也品嚐過折戟黃沙的苦痛。天寶十年的怛羅斯之戰，為這場對峙劃上了一個並不美好的休止符：此戰之後四年，安史之亂爆發，大唐再也無力爭雄西域，將士百年浴血犧牲的成果，化為烏有。而杜環，正是這群犧牲者中的一分子。

相較於埋骨沙場、無聞於史冊的無數士卒，杜環無疑是幸運的。這要感謝他有力的堂叔、大唐名相杜佑。在《通典》中，杜佑這樣記載：

族子環隨鎮西節度使高仙芝西征，天寶十載至西海，寶應初，因賈商船舶自廣州而回，著《經行記》。（杜佑《通典．邊防七》）

《通典》中不多的記載，以及杜氏家族的史料，足以為我們勾勒出杜環的半生。他的家族——京兆杜氏，是漢代以來著名的門閥世族，有「城南韋杜，去天尺五」之說，西晉滅吳名將杜預、唐初名相杜如晦，大詩人杜甫、杜牧，都出自這個家族。杜佑的父親、杜環的叔祖父杜希望，曾任隴右節度使，後來的名將王忠嗣、哥舒翰等，都曾是杜希望的下級。杜希望「行義每揮金」，為杜氏家族累積官場人脈，以此推之，西北軍界中應該有他的人際網絡，這也有可能是杜環從軍赴西域的緣由。

怛羅斯之戰爆發時，杜佑年僅十七歲。按唐制，二十一歲才可參軍，由此推斷，杜環應該比他的叔叔大一些。關於杜環西行路程的細節，學者們仍存在爭議，分歧主要集中在他離開巴格達後的路線，以及他最遠抵達了非洲何地，目前有馬利、衣索比亞等多種說法。本文參考學者宋峴《杜環遊歷大食國之路線考》一文，採納杜環抵達突尼斯附近一說。

《經行記》僅有關於西方各國風土人情的千餘字被輯錄在杜佑的《通典》中，其他內容已湮滅無聞，岑仲勉先生認為此乃「天壤間一恨事」。所幸，即便在這千餘字中，我們也能感受到近一千三百年前的一位士兵孤身赴異域的孤獨感。在大食的一座都會（宋峴先生考證為建設中的巴格達），杜環遇到四位同胞，並記錄了他們的姓名：

綾絹機杼，金銀匠、畫匠、漢匠起作畫者，京兆人樊淑、劉泚；織絡者，河東人樂隱、呂禮。（杜佑《通典‧邊防九》引杜環《經行記》）

那個通信不便的年代，在遙遠的巴格達，聽到熟悉的語言時，不知杜環的內心會湧動起怎樣的漣漪。

阿拉伯史料則永遠記住了另一群中國工人：造紙匠。在怛羅斯被俘的唐軍士兵，於康國建造了阿拉伯人記載中的首家造紙廠。憑藉輕便、廉價、耐用、可防篡改的特性，中國紙將西方的羊皮紙和莎草紙送進了博物館，掀起一場悄無聲息的革命：讀寫不再是貴族階層的專利。當中國紙第一次出現在歐洲時，在羊皮紙上抄《聖經》的時代，已注定走向終結；而書寫載體向大眾的推廣，注定將加快歷史車輪旋轉的速度。

帝國爭雄的霸業，或許總會褪色；而文明與技術的力量，以及其承載的情感，則更加持久。

徐元慶

殺父之仇，不共戴天：
古人如何處理血親復仇？

唐代武則天當天后時，某一天，在關內道同州下邽縣（今屬陝西省渭南市）的驛站，發生了一樁凶殺案。

這輩子……
你有沒有為別人砍過一刀？
某軟體上砍過。
雙十一到了？
驛站臨時工
御史
不過…
來將可留姓名？
你大爺！
等等，我還有尾款沒付啊……
不用了！
撲哧——
咕嚕嚕……

死者名叫趙師韞，是位御史老爺。趙御史出差時在一家驛站歇腳，被驛站裡的一個臨時工刺殺了。

元芳，你怎麼看？
大爺一倒，一年白搞。

嫌犯名叫徐元慶，他在刺殺御史之後沒有逃跑，而是主動投案自首了。

刺殺朝廷大員，受何人指使？從實招來。
沒人指使！
坦白從寬，抗拒從嚴。
犯人 徐元慶

這樁案子很快就引起了大唐群眾的關注，一個驛站臨時工為何要刺殺朝廷欽差？原來，趙御史當年做過下邽縣的縣尉，在任上殺過一個叫徐爽的人。

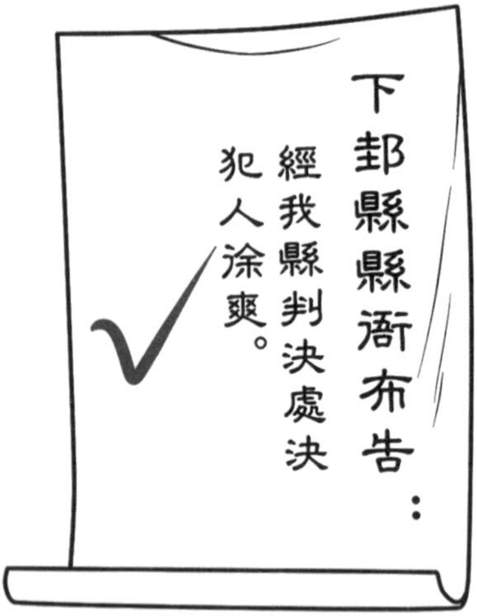
下邽縣縣衙布告：
經我縣判決處決
犯人涂爽。

徐爽有個兒子名叫徐元慶，處心積慮要報殺父之仇，便改名換姓，混進了驛站當臨時工。

等待時機，為父復仇。這一等，就是很多年，等到趙師韞都升到御史了。

春去秋來又一冬，還是沒有等到趙師韞。
驛站
徐元慶

下邽是西都長安與東都洛陽之間的必經之地，來往兩地的官員很有可能會在此地的驛站住宿。

還沒遇見他，在我的春秋冬夏……

這一天，趙師韞在驛站歇腳，結果遇到了等待多年的徐元慶，就這麼送了性命。

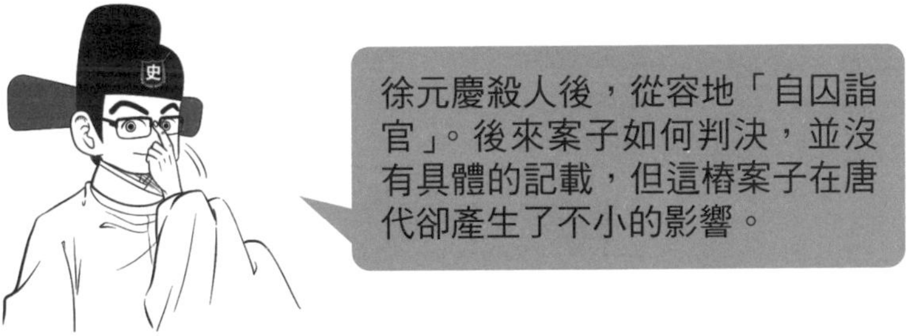
史
徐元慶殺人後，從容地「自囚詣官」。後來案子如何判決，並沒有具體的記載，但這樁案子在唐代卻產生了不小的影響。

根據《舊唐書．陳子昂傳》的記載，「議者以元慶孝烈，欲捨其罪」。

當時很多人認為，雖然徐元慶是蓄意謀殺，但他的動機是為父報仇，情有可原，應該無罪釋放。

為父報仇……
不傷無辜……
情有可原……
唐代群眾

時任右拾遺（諫官）的陳子昂為此寫了一篇〈復仇議狀〉，認為國家的大法規定擅自殺人者處以死刑，徐元慶應按國法處死，然後在他家所在街巷的巷門前及墓地立牌坊加以表彰，以褒獎他的孝行節義就行了。大家都覺得陳子昂說得有理。

大唐熱搜榜

1. 陳子昂說得對。 熱
2. 徐元慶應該如何處理？ 熱
3. 元芳你怎麼看？

陳子昂的意見為什麼得到了大眾的認同呢？因為為父復仇自古以來就是天經地義的事，《禮記．檀弓》中記載了孔子與弟子子夏的對話：

夫子，請問對殺害父母的仇人，應該怎麼辦？
部樂俱識知
睡在草墊子上，拿盾牌當枕頭，絕不跟仇人共同生活在世界上。
不論在街上還是在朝堂上，只要一遇到仇人，應該馬上動手殺他！

但唐高宗時頒布和注疏的《永徽律疏》（《唐律疏議》），只規定了祖父母、父母為人所殺，禁止當事人之間進行私了，並沒有規定為父復仇的人可以無罪釋放。

那麼，出現這種情況，就只能援引普通凶殺案條款來判決。也就是說，徐元慶依律當斬。

日子越來越有判（盼）頭了……
我看刑（行）。

陳子昂的折中方案，既維護了法律的權威，又弘揚了儒家的孝義，也讓徐元慶這個小人物進入正史，出現在《舊唐書》裡。

舊唐書
時有同州下邽人涂元慶者，父為縣尉趙
師韞所殺。後師韞爲御史，元慶變姓名
於驛家傭力，候師韞，手刃殺之。
史
這段講的是徐元慶改名換姓，隱藏在驛站打工，伺機報仇的事情。

徐元慶最後的結果到底怎麼樣，史書中並沒有明確的記載。

在徐元慶案發生後，唐代開元年間又發生了一起張琇、張瑝兄弟為父復仇案。

殺父之仇！
不共戴天！
張琇
張瑝

張琇、張瑝是唐玄宗朝巂州（在今四川省）都督張審素的兒子。

開元十九年（731），張審素遭人誣告貪贓枉法，唐玄宗便派監察御史楊汪前去審查。

滴滴答滴答，
我要抓人啦！
巂州
出口
御史
楊汪

御史楊汪最後給張審素定的是謀反罪。張審素被處斬後，他的兩個兒子張琇、張瑝因未滿十六歲，被流放到嶺南。

你系邊度來噶？
（你是哪裡來的？）
嶲州。
嶺南人
張琇
張瑝

幾年後，張琇、張瑝逃回洛陽，隱姓埋名，藏匿市中。這時，楊汪已經官至殿中侍御史，並改名為楊萬頃。

萬頃波涵一碧秋，
飄飄隨處任輕舟。
咱還是叫萬頃好，
「汪」字就像狗叫。
楊萬頃
汪！
滾，閉嘴！

這不瞎扯嗎？「汪」還通「旺」
呢。難怪改名後出事了。

開元二十三年（735），張琇、張瑝趁夜在街上截擊楊萬頃，將其砍死。

我就問你，確
定瓜熟了嗎？
你故意找碴，是吧？

之後，兄弟倆將父親的冤情，以及殺死楊萬頃的原因寫成表狀，掛在斧頭上。

秋天裡的第一個人頭，
竟然是為父復仇。
冤

此案轟動朝野，民眾情緒激憤，一致同情張氏兄弟，認為他們年紀雖小，卻能為父報仇，堪稱孝烈。

放人！
放人！
大理寺

中書令張九齡也認為應寬恕，「宜貸死」（免於死罪）。而李林甫堅持認為「國法不可縱報仇」，否則會破壞國家的法律。康玄宗支持李林甫的意見，於是下令處決了琇、瑝二人。

還有王法嗎？
放了殺人犯，要是開這個先河……
我大唐還有王法嗎？

張氏兄弟之死令百姓十分痛惜，大家一起捐錢把張氏兄弟葬在北邙山；又擔心楊萬頃家人報復，特地建了疑塚數處，讓旁人無法找到真正的墳墓。

這是眞的墓
我是
張琇張瑝之墓
我是
我是眞的
我才是眞的
曹操
曹
七十二疑塚*，這待遇都快趕上我了。

＊曹操死後七十二疑塚的說法在民間廣為流傳，後經過中國考古學界認定其墓地遺址，並發現曹操的屍體。

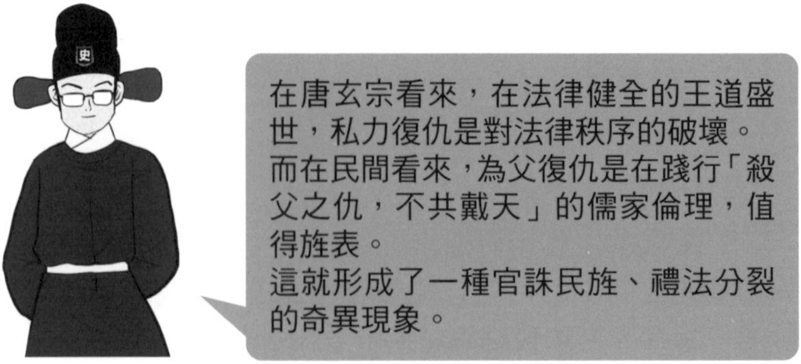
史
在唐玄宗看來，在法律健全的王道盛世，私力復仇是對法律秩序的破壞。
而在民間看來，為父復仇是在踐行「殺父之仇，不共戴天」的儒家倫理，值得旌表。
這就形成了一種官誅民旌、禮法分裂的奇異現象。

陳子昂提倡官誅民旌，這成為他履歷表上光彩的一筆。但當時很少有人注意到，陳子昂這個方案有個致命的漏洞：既然倫理道德提倡為父復仇，為什麼法律又要加以制裁？

爹被殺，如果兒子不報仇，就是禽獸。
如果兒子報仇，就把自己也搭進去了。
朝廷真是有病。

禮部
這就叫專業！
禮部員外郎　柳宗元

這個漏洞被後來的柳宗元抓住了。陳子昂在寫〈復仇議狀〉時，擔任右拾遺，這代表陳子昂雖然在討論禮法問題，但他既不是法律專業人士，也不是禮儀專業人士，而柳宗元曾做過禮部員外郎，恰恰就是禮儀專業人士。

柳宗元大概是在翻閱歷史卷宗的時候，翻到了徐元慶謀殺案的相關文件。他對陳子昂的主張大為不滿，於是就針對陳子昂的〈復仇議狀〉，寫了一篇〈駁復仇議〉。

禮部
駁復仇議
——柳宗元

柳宗元首先表態：我從文獻上看到武則天在位的時候，發生過一起徐元慶謀殺案，當時的諫官陳子昂認為應該判處徐元慶死刑，然後再在徐的家鄉給他做什麼表彰活動，陳子昂還建議把這個判例載入律令，成為國家法典的一部分。我覺得這樣的做法是錯誤的。

柳員外郎，這麼罵前輩，不太好吧？
陳子昂這種文青算啥？狠起來，我連自己都罵！
柳宗元
駁復仇議

然後，他直指問題的要害：禮和法是一枚硬幣的兩面，其核心價值觀都是一樣的，絕不是互不相關的兩套系統，像你陳子昂這麼一搞，等於把禮和法對立起來，弄出了兩套核心價值觀，大家分不清什麼是對、什麼是錯。

大師，請幫我卜一卦，為父復仇是對還是錯？
既是對，又是錯。處於一種對和錯的疊加狀態。
量子算命
薛定諤

最後，柳宗元給了一個新方案，其中分兩種情況：

① 徐元慶的父親當真犯了法，論罪當死。

趙師韞殺他，只是在執行國法，徐元慶報仇就是犯上作亂。朝廷處死徐元慶就可以，沒有必要去表彰這種行為。

你殺我，我殺你，我們一起躺平平。
我殺你爹，你殺我爹，天下要無爹了，大唐豈不是要亂。
柳宗元

② 徐元慶的父親沒犯法，趙師韞殺他只是出於個人恩怨。

徐元慶想為父親鳴冤，但官場黑得伸手不見五指，這時候，徐元慶還能怎麼辦呢？只能手刃仇人，替天行道。如果是這樣，朝廷不但要釋放徐元慶，還要向他道歉。

對不起

春秋公羊傳
父不受誅，子復仇可也。
父受誅，子復仇，
推刃之道也。
柳宗元部分採用了春秋決獄。如果父親是冤死的，兒子可以復仇；如果父親論罪當死，兒子就不應該去復仇了。

小朋友，真的是你幹的？
不信？我砍你一刀，你就知道。
梁悅

與柳宗元同時代的韓愈也加入了論戰，不過他選擇的切入點是梁悅復仇案。

唐憲宗時期，又出了一個徐元慶謀殺案的翻版：十二歲的男孩梁悅手刃殺父仇人秦果，隨後到衙門裡投案自首。

這件事驚動了朝廷，當時的皇帝唐憲宗看了案卷也發愁，不知道該怎麼辦，於是下了一道敕命，把皮球踢給尚書省了。

據《禮經》，殺父之仇不共戴天；
依法令，則殺人者死。
這件事，你們專業的
尚書省去討論吧。
唐憲宗 李純
麻煩
尚書省官員

尚書省的官員分為兩派：一派像初唐的陳子昂那樣主殺，另一派像柳宗元那樣主放。

來啊，辯論啊！
誰怕誰啊！
主放派
PK台
主殺派

這個時候，職方員外郎韓愈寫了篇〈復仇狀〉。

韓愈認為，如果不許復仇，則傷孝子之心，違先王之道；如果允許復仇，則擅殺行為會紛紛出現，社會將陷入混亂。

尚書省
恕我直言，在座的各位都是垃圾！
職方員外郎 韓愈
鏈史官
播出的時候幫我打個馬賽克。
好的！
鏈史官

韓愈進一步闡述，法律為什麼不明文規定為父復仇該當何罪？其目的在於避免禮法分裂。

那麼我們又該如何處理？最好的辦法是大家一起來商量，兼顧經與律、禮與法的同時，討論出一個處理方案。

你行你上！
你上我上都一樣，
不如讓梁悅遠走他鄉。
喲喲！
其他官員
韓愈
PK台

聖上敕諭，梁悅杖一百，配流循州。
蒼天有眼兒！
傳旨太監
梁悅
眼兒…怎麼感覺你在罵人…

最後，唐憲宗採納了韓愈的意見，認為梁悅為父復仇是「發於天性」，而且復仇之後「自詣公門」，決定讓梁悅免死，杖一百，配流循州（在今廣東省）。

韓愈的主張得到了當時統治者的認可，不僅被載入史冊，而且影響了唐宋之後國家對復仇的處理政策。

《宋刑統》中首次規定了對於復仇問題的司法程序，即遇到復仇案件，基層司法官員應該根據上請制度，將案件提交給皇帝處理。

我就是王法！
皇帝
禮
法

《明律》則明文規定了對子孫復仇的行為減輕處罰：「祖父母、父母為人所殺，而子孫擅殺行凶人者，杖六十。其即時殺死者勿論。」

《清律》繼承了《明律》關於祖父母、父母為人所殺的規定。古代司法對復仇的裁決，既保持了國家法令的統一，又反映了王權對人倫的守護。其中體現的「司法原情」主張對當下也有一定的啟示意義。

「其即時殺死者勿論」
這句話是什麼意思？
意思就是說，殺死正在行凶者不負刑事責任。
史
用現在的話來說，就是正當防衛的一種囉？
小愛，你悟到了。

編後語
史

徐元慶案最早見載於陳子昂的〈復仇議狀〉：

臣伏見同州下邽人徐元慶者，父爽，為縣尉趙師韞所殺，卒能手刃父仇，束身歸罪。

後來，柳宗元也對此案進行議論，他在〈駁復仇議〉中寫到：

臣伏見天后時，有同州下邽人徐元慶者，父爽為縣尉趙師韞所殺，卒能手刃父仇，束身歸罪。

由「天后」這個稱謂可知，這個案子是發生在武則天稱天后期間，即上元元年（674）八月到載初元年（690）九月這段期間。據《舊唐書．陳子昂傳》，陳子昂討論這個案子的時候，時任右拾遺。又，據羅庸《唐陳子昂先生伯玉年譜》，延載元年（694），陳子昂居東都，守右拾遺。可見，從時間上來看，陳子昂並沒有參與審判徐元慶。

〈復仇議狀〉的抬頭「臣伏見」，也表明這是一篇普通的時政文，並非奏疏。陳子昂上書的抬頭有「梓州射洪草莽愚臣子昂，謹頓首冒死獻書闕下」和「麟臺正字臣子昂昧死上言」等。這兩種抬頭明顯不是同一種風格，所以〈復仇議狀〉只是事後發表的議論。這也佐證了陳子昂並沒有參與徐元慶案。

北宋歐陽修等人修撰的《新唐書・孝友》所載內容略有不同：

> 武后時，下邽人徐元慶父爽為縣尉趙師韞所殺，元慶變姓名為驛家保。久之，師韞以御史舍亭下，元慶手殺之，自囚詣官。後欲赦死，左拾遺陳子昂議曰……

按《新唐書》的說法，武則天本來打算赦免徐元慶的死罪，結果被陳子昂攪亂了。顯然，歐陽修搞錯了，因為時間對不上，而且，歐陽修還把陳子昂的官職搞錯了，右拾遺搞成了左拾遺，雖然都是諫官，但右拾遺隸屬中書省，左拾遺隸屬門下省。儘管《新唐書・孝友》記載的徐元慶案出現了更多的錯漏，但歐陽修修撰《新唐書》畢竟是秉持孔子修《春秋》之意，所以分別節錄了陳子昂的〈復仇議狀〉和柳宗元的〈駁復仇議〉。歐陽修沒有表態，但從結構書法來看，可能他更傾向於柳宗元的觀點。

從陳、柳各自時代的角度而言，陳子昂和柳宗元所論，各有其關懷。處於初唐時期的陳子昂，當時正得武后垂愛，又心懷大志，謀求重用，故而同為監察官員的陳子昂，以標新立異的折中方案，著實在君臣面前露了臉。陳子昂這種方案，看似折中之議，實則更加突顯了禮法之間的張力。頗具諷刺意味的是，陳子昂後來在老家居喪期間，權臣武三思指使射洪縣令羅織陳子昂的罪名，最終使之冤死獄中。他的後人申冤無路，想復仇又違法，可謂是進退失據。

而後來作〈駁復仇議〉的柳宗元，已經身處「白頭宮女閒說玄宗」的中唐時期了。當時，柳宗元任禮部員外郎，春風得意，銳意改革。柳宗元選擇了百年之前存疑頗多的徐元慶案來立論，應有破除前朝舊例，為變法造勢之意。如果考慮到柳宗元祖上河東柳氏一族曾因武后打擊而沒落，那麼他借徐元慶復仇案抨擊陳子昂，似乎也摻雜了些許私人恩怨。

從復仇觀念的歷史演變來看，秦代禁止復仇；漢代雖禁，但赦免頗多；魏晉南北朝時，復仇之事也很多；隋唐赦免復仇的依舊占多數。縱觀有文獻可查的唐代血親復仇案例共十六個，最後有七個被處死，九個被赦免、從輕發落或嘉獎。而在武后之前的七個復仇案，只有一例被處死，其餘或免死或獎掖。可見，唐王朝的前期更注重於禮，中後期更注重於法。或許，這與唐高宗時期頒布了《唐律疏議》也有一定的關係。

總體而言，私力復仇存在一個從「父母之仇，不共戴天」到「復仇之義，為亂世之言」的過程。

無論是《論語．憲問》中的「以直報怨」，或是《禮記．曲禮》中的「父之仇，弗與共戴天」，還是《春秋公羊傳》中「內不言敗」的體例，「復仇之戰，雖敗猶榮」的這種「榮復仇」的理念，都說明了先秦儒家對待父母之仇的鮮明態度。

顯然，個人復仇的行為是對國家法治的破壞，如何平衡《春秋》「榮復仇」與「尊王」之間的關係？《公羊傳》提出了兩種觀點：一是父不當誅，子可復仇，即如果是父因罪當誅，儒家不提倡子孫復仇，因為這樣一來一往無異於推刃；二是復仇不除害，即復仇對象僅限於仇家自身，不得株連子孫。《禮記》則認為銜君命而使，雖遇之而不鬥，即個人雖有私仇，但在執行王命過程中，即使相遇也不可復仇。

隨著大一統皇權的逐步強化，皇權對於復仇的態度逐漸發生變化。如果任由百姓替冤死者報仇，則會導致人們對於法律秩序的整體質疑，危及皇權統治。基於此，處於開元盛世的唐玄宗最終還是處死了為父復仇的張氏兄弟。北宋時期，王安石指出復仇只是百姓於亂世中不得已的私力救濟手段，「故復仇之義，見於《春秋傳》，見於《禮記》，為亂世之為子弟者言之也」。王安石的言外之意是，身處治世是不允許私力復仇的。

《宋刑統》中首次規定了對於復仇問題的司法程序，即遇到復仇案件，基層司法官員應該根據上請制度，將案件提交給皇帝處理。這種處理方式更接近韓愈的理念，相較於陳子昂和柳宗元的理想化觀點，韓愈的主張更具有現實感。《明律》則明文規定了對子孫復仇的行為減輕處罰：「祖父母、父母為人所殺，而子孫擅殺行凶人者，杖六十。其即時殺死者勿論。」《清律》繼承了《明律》中關於祖父母、父母為人所殺的規定。

父母子女之間的人倫關係是禮義精神之所在，也是人禽之所別。禮義精神歷經千載時光的磨礪，早已遍灑中華大地，深深刻在中華兒女的血脈裡。

宋慈

願聆白骨訴傷悲：
《洗冤集錄》背後的法醫鼻祖

巍巍大宋帝國，人才輩出，僅在司法領域就有兩位傑出人物名垂千古。一位是名揚天下的北宋人包拯，人稱「包青天」。

下跪何人，報上名來！
跪何人，報上名來！
何人，報上名來！
人，報上名來！報上名來！
上名來！名來！來！！
封開
包青天　包拯

另一位就是不為人熟知的南宋人宋慈，即電視劇中的「大宋提刑官」。

大宋提刑官　宋慈
嗨！

著名影星王寶強和您
是邢臺南的老鄉啊！
你說寶寶啊，他的
觀察力可不行啊！

宋慈，字惠父，南宋建陽縣（今福建南平市建陽區）人。祖籍河北邢臺市南和縣，唐朝名相宋璟後人。出身官吏家庭，從小師從朱熹的弟子吳稚。

父親一生功勳
卓著，單是有我這
個兒子這一點，就
比我厲害了……

宋慈大器晚成，三十二歲才考中進士乙科，被朝廷分配到浙江鄞縣（今浙江省寧波市鄞州區）任縣尉。

誰知，此時正逢父親宋鞏去世。宋慈無法赴任，只能回家守孝。

當宋慈面臨再就業的問題時，閩中叛亂驟起，宋慈毅然跟隨招捕使陳韡平叛。由於平叛有功，宋慈被舉薦為長汀縣（今福建省龍岩市長汀縣）知縣。隨後輾轉多地，終於在五十五歲時成為廣東路提點刑獄公事官。

這把年紀了，才能幹
點自己喜歡的事，
真不容易。
捕
捕

大人，您就是當代的包青天！
別提那老黑，要不是他，我在大宋名人錄裡的排名更前面。

開啟大宋提刑官生涯的宋慈，始終堅持奮戰在工作第一線。尤其是對於百姓反映強烈的冤假錯案，宋慈逐一落實平反。八個月間，就辦了兩百多宗案件，受到百姓擁戴。

宋慈不僅自己審案，而且極其重視證據的採集。在人命關天的案件中，宋慈不敢有絲毫的怠慢，他要求，驗屍官必須到案發現場實地勘驗，親自驗屍。

情殺
案發現場
整天和死屍打交道，您不覺得噁心嗎？
噁心的是那些草菅人命的昏官！

別小看驗屍，這可是個技術活，甚至難於給活人看病。宋慈要求，驗屍人員必須做到：不畏難、不畏苦、不畏髒、不畏臭；若屍臭不可聞，驗屍人員可用麻油塗鼻子，或用浸了油的紙攄子堵鼻孔，但不能戴口罩，不能捂鼻子。

大人，這具屍體至少有五百年了！
案發現場
說什麼廢話，去把愚公找來，把山搬了，老爺要驗屍。

對於女屍的檢驗，受到傳統禮教嚴苛約束，往往只能查驗頭骨、面部五官、頸部、四肢，或腹部、背部。其他隱私部位不能裸露，不僅社會輿論不允許，死者家屬也會強烈反對。

哎呀呀！什麼驗屍啊，這不就是臭不要臉嘛！
這是工作，大娘！

臭不要臉！
臭不要臉！
臭不要臉！
來人哪！
把這位大娘
拉……算了。

傳統對女屍檢驗的限制，導致大量冤假錯案發生。宋慈勇於打破禁忌，要求女屍檢驗不可羞避，必須全身赤裸，而且不放過任何一個隱私部位。因為在宋慈看來，罪犯很可能在隱私部位下毒手，比如扎入刀、針等致命異物。

看見沒，罪犯就是
企圖透過禁忌，來
隱瞞作案手段。

宋慈甚至還要求，檢驗女屍，尤其是富家的女屍，必須要接受大眾的監督。也就是說，要在大庭廣眾之下檢驗女屍。因此，宋慈把驗屍地點安排在大街上。只有正大光明，才可以避嫌。

明光大正
街頭驗屍，敬請大家監督！
宋慈

宋慈求真務實的工作作風並不被人理解，反而被認為是有悖倫理、有傷風化、不成體統，在一些官員看來就是大逆不道。尤其是在當時程朱理學盛行的時代，宋慈的如此行為讓很多人不齒。

宋慈嘩眾取寵，是業界毒瘤！
專家代表
這是赤裸裸的耍流氓！
官員代表
有悖倫理！倘若在下遇見此事，定為民除害！
熱心群眾代表
不知道李師師姑娘，什麼時候下馬啊…
路人代表

隨著大量案件被及時準確地偵破，民間對宋慈的頌揚聲越來越多。人們逐漸認可了宋慈的工作方法。宋慈聲名遠揚，他沒有想到自己成了世界法醫的鼻祖。

愛卿，案子破得不少，朕很欣慰啊……
謝皇上誇獎！
宋理宗趙昀
宋慈

宋慈多次被調動，但主要工作還是與刑獄打交道。長期的一線驗屍經歷，讓宋慈累積了大量的工作經驗。宋慈還利用業餘時間，對古人的經驗進行系統性的總結與精煉。

最後，宋慈用了七年的時間進行整理，使世界第一部法醫學著作《洗冤集錄》得以正式問世。此書問世後，迅速受到追捧，成為刑獄工作的教科書、工具書。

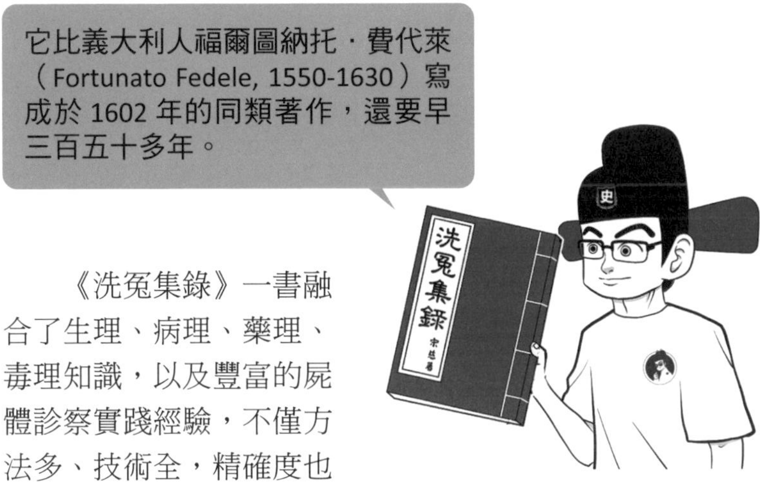
它比義大利人福爾圖納托·費代萊（Fortunato Fedele, 1550-1630）寫成於 1602 年的同類著作，還要早三百五十多年。
洗冤集錄
宋慈著
史

《洗冤集錄》一書融合了生理、病理、藥理、毒理知識，以及豐富的屍體診察實踐經驗，不僅方法多、技術全，精確度也非常高，絕對處於世界領先水準。

若能再活七百年，一定能得到諾貝爾獎。
宋慈像
宋慈
(1186－1249)

宋慈的驗屍方法雖然古老，但很有科學道理。比如蒸骨驗屍，這種方法就類似於以紫外線光照射屍骨來檢驗傷痕。

蒸骨驗屍

先以水淨洗骨，用麻穿定形骸次第，以簟子盛定。

卻鋤開地窖一穴，長五尺，闊三尺，深二尺。多以柴炭燒煅，以地紅為度。

酒

除去火，卻以好酒二升，酸醋五升，潑地窖內。

乘熱氣扛骨入穴內，以槁薦遮定，蒸骨一兩時。

候地冷取去薦，扛出骨殖向平明處，將紅油傘遮屍骨驗。若骨上有被打處，即有紅色路微蔭；骨斷處，其接續兩頭各有血暈色；再以有痕骨照日看，紅活，乃是生前被打分明。骨上若無血蔭，蹤有損折，乃死後痕。

——《洗冤集錄》

電視劇《大宋提刑官》中有過這樣的案子：有一個年輕女子出嫁後蹊蹺死亡，宋慈手下的驗屍官對該女子的屍體進行了全面檢查，卻沒有發現任何傷痕。宋慈發現，有幾隻蒼蠅總是趴在女子頭頂處，由此，他斷定有燒紅的鐵釘釘入腦內。這個案子可能就是根據《洗冤集錄》改編的。

對於如何區分死者是被燒死，還是被殺後再焚屍的難題，宋慈也有簡單有效的方法，那就是看死者的口腔與嗓子，是否有煙灰。

大人，確實有鐵釘。
這個鐵釘釘入腦後，血液瞬間凝固，雖然沒有見到血液，但蒼蠅卻能聞到這種味道。

如果是被燒死，死者生前一定會有呼號，煙灰會嗆入口鼻、嗓子內。被殺後再焚屍，則無此現象。
啊—

如今，法醫工作者從業時都要讀宋慈的《洗冤集錄》。這本經典著作還被翻譯成英、法、德、俄、日等多種文字，得到世界法醫學界的公認。

洗冤集錄
你問我宋慈有多厲害，
如今走遍全地球。

史
傳言宋慈是被人毒死的，
其實他是過度操勞而死。

宋慈是個工作狂，別人在混酒局的時候，他在工作；別人流連於風月場所的時候，他還在工作。淳祐九年（1249），宋慈病逝於廣州，終年六十四歲。宋理宗親自為宋慈題寫墓碑。

慈字惠父宋公之墓

你這麼厲害，《二十四史》怎麼沒你呢？
關你屁事！

你絕對想不到，如此厲害的大宋名人，卻沒有被列進《二十四史》裡。難道史官們把宋慈忘了嗎？

直到清代陸心源編撰的《宋史翼》補續了《宋史》，才將宋慈列入其中。後來，紀曉嵐修纂《四庫全書》，僅對《洗冤集錄》和宋慈做了簡要介紹，並未輯錄《洗冤集錄》全文。

為什麼宋慈如此被輕視呢？

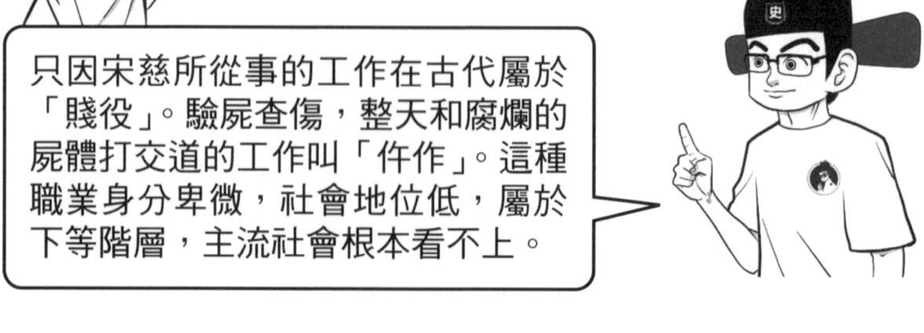
只因宋慈所從事的工作在古代屬於「賤役」。驗屍查傷，整天和腐爛的屍體打交道的工作叫「仵作」。這種職業身分卑微，社會地位低，屬於下等階層，主流社會根本看不上。

說好的工作不分高低貴賤，只是分工不同呢？

電視劇《大宋提刑官》中的故事全是虛構，女助理瑛姑的存在更是子虛烏有。幸虧宋慈有一位同窗好哥兒們——文壇領袖劉克莊。宋慈去世十年後，劉克莊根據宋慈的生平，飽含深情地寫下《宋經略墓誌銘》。

說好的一輩子呢？
劉克莊

有沒有關於宋慈的新聞要爆料啊？
他又不是明星。
大宋第一狗仔

真實的宋慈，先後有兩個老婆。第一任老婆姓余，續妻姓連，共有三子二女，不知道有沒有妾。

根據《建陽縣誌》記載，宋慈的後裔貌似有政治潔癖，堅持「不事二君」、「入元不仕」，隨後隱姓埋名，逐漸銷聲匿跡。

我們的祖師爺
就是宋慈！
我們的祖師爺
也是宋慈！
仵作
法醫

宋慈死去七百多年後的今天，電視劇《大宋提刑官》還在播，江湖上仍有他的傳說。

我只希望這世間少一些
冤案。別讓好人蒙冤，
也不放過一個壞人！

編後語
史

如果沒有電視劇《大宋提刑官》的熱播，應該不會有幾個人知道宋慈，這是他的工作性質所決定的。

宋慈與包公不同，包公的主要工作是審案斷案，他是一名法官，特點是公正廉明、秉公執法，尤其是不畏權貴、鐵面無私，這一點深受普通百姓歡迎，所以包公的事蹟廣為流傳。而宋慈的主要工作是檢驗屍體，相當於一名法醫。這種工作的技術量高，但屬於幕後工作。

即使將宋慈放到今天，他很可能也是默默無聞的。法醫是法官斷案的「助手」，法官維護著社會的公平與正義，而公平正義則與每個人息息相關。因此，法官更為人們所知曉。宋慈若地下有靈，還真的要感謝電視劇。

電視劇中，宋慈的故事除了朝代、宋慈的名字以外，基本上都是虛構的。在編劇的筆下，宋慈敢於與官場黑暗勢力對抗，如檢舉揭發刁光斗、吳淼水等貪官。雖屬虛構，但基本上也在情理之中。

在宋慈好友劉克莊的筆下，宋慈就是一位清官、好官。或許劉克莊有諸多溢美之詞，但根據宋慈的工作特點與求真務實的態度來看，他必定會得罪官場中人。宋慈是喜歡堅持真理的人，注定是官場中的異類。

相較於宋慈專業的驗屍技術，人們更感興趣的還是電視劇演繹的他與貪官對抗的過程。如刁光斗、吳淼水對宋慈說的話，顯得意味深長。

在電視劇《大宋提刑官》中，刁光斗被檢舉後，當面還擊宋慈：「就你一個人，扛著一杆大宋王法的大旗，就能夠橫掃天下，澄清玉宇……你不是成天口口聲聲，說什麼王法王法，你知道什麼叫王法？好，就讓刁某來告訴你吧。王法，王法，就是皇家的法。」

吳淼水官場失勢後，路遇宋慈，向其狂妄叫囂道：「別以為你憑著你那點驗屍驗傷的雕蟲小技，就可以平盡天下冤獄，澄清玉宇了……別說一個宋慈，就是十個八個，也休想把這渾濁的世道變得天朗水清……你記住，我不服你，我吳淼水一定在官場上，還會跟你見面！」

這些話之所以成為經典，讓觀眾難以忘懷，就因為這些貪官道出了官場中的潛規則，揭示了人們不願面對的社會現實，甚至還體現出中國古代官場的某些歷史特徵。

電視劇中的宋慈不只是一個法醫，他還被編劇賦予了更多的內涵，形象再次被提高。他既是廉潔奉公的清官，又是平反冤假錯案的好官，總之，他代表著官場中的清流，甚至還被賦予了一種英雄主義色彩。電視劇在揭露官場黑暗的同時，也反映出普通百姓心中一直存在的清官情結，因為，官場的黑暗讓百姓不能忍。

宋慈的事蹟對今天的我們還有一個很大的借鑑意義。宋慈潛心鑽研屍體檢驗技術，長年致力於刑事現場的屍體勘驗經驗總結，並寫成流傳至今的不朽專著《洗冤集錄》。這種專業精神就是今天人們所說的匠人精神。

今天的社會充滿了浮躁情緒與投機心態，宋慈的這種匠人精神更顯得難能可貴。宋慈留給後人的不僅僅是一門專業技術，更是這種堅守內心、求真務實的精神。只有腳踏實地、精益求精，才是永恆不變的。

姚小五

去胡風，再造華夏：
時代風暴下的愛情保衛戰

說一個普通人的不普通故事，這是《明大誥》裡記載的一個故事——

明洪武十八年（1385）前後，山西洪洞縣（今山西省臨汾市洪洞縣）有個農民叫姚小五。姚小五和妻子史靈芝結婚幾年，生了三個兒女。

～茄子

兩人你耕田來我織布，我挑水來你澆園，小日子過得倒也幸福。直到有一天，一個陌生人找上門來。

篤！篤！篤！

誰？
我。

這個陌生人說他叫唐閏山，還說史靈芝是他的未婚妻。姚小五一臉疑惑，孩子都大到可以去買醬油了，突然一個陌生人上門來，說孩子的媽是他的未婚妻……

你一來就跟我要老婆，這件事太突然，我一時半會兒有點昏。
想開點，人生嘛，總會有一些驚喜。
唐閏山
姚小五

與唐閏山聊了老半天後，姚小五才搞明白，眼前的這個人是個「軍爺」，從遠在南方的鎮江衛（在今江蘇省）跋山涉水來到洪洞縣。

你以為我大老遠來，
是故意搞破壞嗎？
但芝芝是我的！

唐閏山有個哥哥，史靈芝三歲時曾與唐閏山的哥哥訂過一門娃娃親。

這娃娃親定下來後，沒過幾年唐閏山的哥哥就死了。

親家！
親家！
囍

小愛提問
姚小五事先知道他娘子小時候訂娃娃親這件事嗎？
史
《明大誥》裡沒有說，但應該是知道的。

　　從史靈芝的名字可以推斷，她的家庭環境應該不錯，這也解釋了為什麼史靈芝最初許配的是軍戶（衛籍）。而姚小五的名字表明，他可能是普通人出身。

爸爸，我排老二，為什麼叫小五啊？
這很簡單啊，爸爸不識字，也不識數。

古人結兩姓之好，完全憑父母之命、媒妁之言。在熟人社會，雙方父母很容易探聽清楚彼此的情況。史靈芝未出閣而未婚夫早夭，是會「掉身價」的。

男方已死，這樁親事也就不了了之，史靈芝長大成人後，「下嫁」給民戶姚小五（明初軍戶的地位比民戶要高），想來這也是情理之中的事。

然而，元朝有個婚俗，「兄死則妻其嫂」，就是如果哥哥死了，弟弟可以「繼承」嫂子。

就老史家閨女，把未婚夫給剋得……嘖嘖嘖。掃把星轉世呀！
哎喲，我去！

樹上的鳥兒成雙對，
綠水青山帶笑顏。
隨手摘下花一朵，
我與娘子戴髮間。
史靈芝
姚小五

憑什麼說靈芝是你的？
別問，問就是自古以來。

雖然這屬於草原習俗，但金人、蒙古人入主中原後，經過兩百多年的浸染，中原百姓也漸習此風，這個風俗延續到了明初。唐閏山據此認為，史靈芝應該嫁給自己。

姚小五當然不同意，好好的一個娘子說沒就沒，此外，三個孩子怎麼辦？!

嗚嗚嗚……
我們要娘親！

但是唐閏山有備而來，他從鎮江衛出發的時候，到應天府（今江蘇省南京市）的兵部討了一紙「勘合（文書）」。

看！
對不起！俺不識字。
大明兵部
著落洪洞縣將
唐閏山家屬起
赴鎮江完聚

兵部的意思是「唐閏山家屬起赴鎮江」，但史靈芝是不是唐閏山的「家屬」，這是有爭議的。

老哥你看，我孩子都能去買醬油了，以你的一表人才，找一個年輕貌美的妻子完全不是問題。
沒有辦法，好看的皮囊嫌我醜，有趣的靈魂嫌我低俗。再說，我只愛芝芝。

爭議在於《大明律》尚處初創階段，很多方面還不完善，官方查了一下《大明律·戶律·婚姻》條，只規定了未到婚期男方不能強娶，到了婚期女方不能找藉口不嫁，並沒有規定小叔子是否可以娶嫂子。

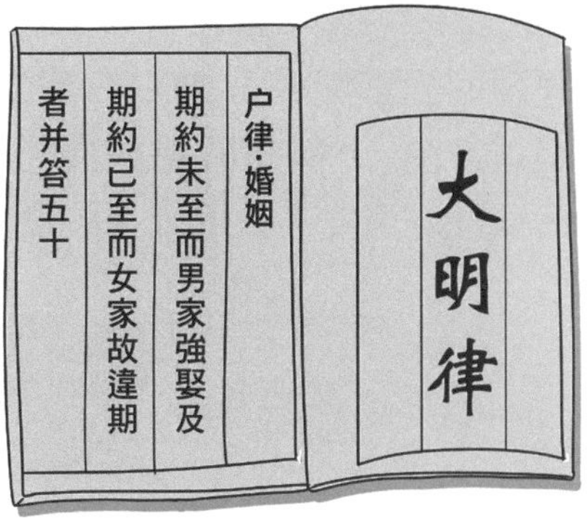
大明律
户律·婚姻
期約未至而男家強娶及
期約已至而女家故違期
者并笞五十

既然《大明律》沒有否決元朝這個風俗，唐閏山自然有理由提這個要求。前些年唐閏山保家衛國去了，現在安頓下來，他便千里迢迢從鎮江跑到山西洪洞，想要在接家人過去完聚（團聚）的同時，順帶按照民間的習俗把「嫂子」給娶了。

我為大明立過功，
我為大明流過血！

這麼一來，姚小五與唐閏山沒辦法談了，只能去縣衙裡請縣太爺明斷。姚小五認為，「（史靈芝）不系軍人唐閏山妻室」。但知縣看到兵部的勘合便退縮了，一個七品芝麻官敢違二品兵部尚書的命令？

明鏡高懸
我不能再管你
這件事了，
再管我就
沒工作了。
嗚嗚嗚……
洪洞縣內
無好人。

咚咚咚……
刑部
青天大老爺，
為小民申冤！

姚小五眼看娘子無端被人奪走，心有不甘，於是逐級上告，一直告到刑部。

我們現在或許無法理解，一個平時不出縣的平民百姓，從山西洪洞縣到首都應天府，除了需要勇氣和膽識外，還需要大量的時間和物質成本。

豁出這條老命不要，也要護住我娘子。

當時的刑部尚書叫王峕，接到姚小五的狀紙後，他把唐閏山、姚小五和史靈芝提取在部。分別問話後，王尚書認為分析案情的關鍵在於史靈芝三歲時的媒人。媒人是雙方的聯絡人，王峕應該是想瞭解婚約狀況。

弟弟娶嫂嫂，向來如此，沒問題。
問題在於唐閏山的哥哥死後，史唐兩家的婚約是否取消了。
刑部尚書
王峕
師爺

是啊，史家當年是否把
彩禮退還給唐家了？
要證實這一點，就
要找到當時的媒人。

這件事不簡單。
傳唐鐸……
明太祖 朱元璋

正當王尚書下令讓捕役去洪洞縣裡勾取媒人時，明太祖朱元璋知道了這件事。或許是姚小五得到了高人指點，來京後到處嚷嚷，這件事不知如何就傳到朱元璋的耳裡去了，朱元璋下令都察院的御史唐鐸過問此事。

心腹大人，
請喝茶！
低調，當年跟上位打
天下時，我就很低調。
御史　唐鐸

唐鐸何許人也？由於《明大誥》記事過於簡略，我們可以透過《明史．唐鐸傳》來瞭解此人。朱元璋剛剛起兵時，唐鐸就侍奉在朱元璋的左右，創業成功後，唐鐸分別擔任過兵部尚書和刑部尚書，可以說是朱元璋的心腹。

不爭氣的東西，給
你一個機會，看看
你的表現。
必須的啊，皇上！

這個時候，唐鐸在都察院當御史，算是「失寵」了，但不管怎麼說，他曾經是朱元璋的親兵。朱元璋派他來過問此案，既是因為對現任刑部尚書王峕對案件的處理結果不滿，也是想給唐鐸一個將功補過的機會。

煩勞老弟告知，皇上
此舉是幾個意思？
你品，你細品。

唐鐸曾長期跟隨朱元璋，他的人脈與資源都足以讓他揣摩到「聖意」。

南人
北人
南蠻。
索虜。

那麼朱元璋的「聖意」是什麼呢？雖然大明「光復華夏」已十幾年了，但朱元璋面臨著一個很大的現實問題：經過金朝和元朝再到明初的兩百多年，「北人」和「南人」被分割為兩個不同的群體，南北的認同差異非常大。

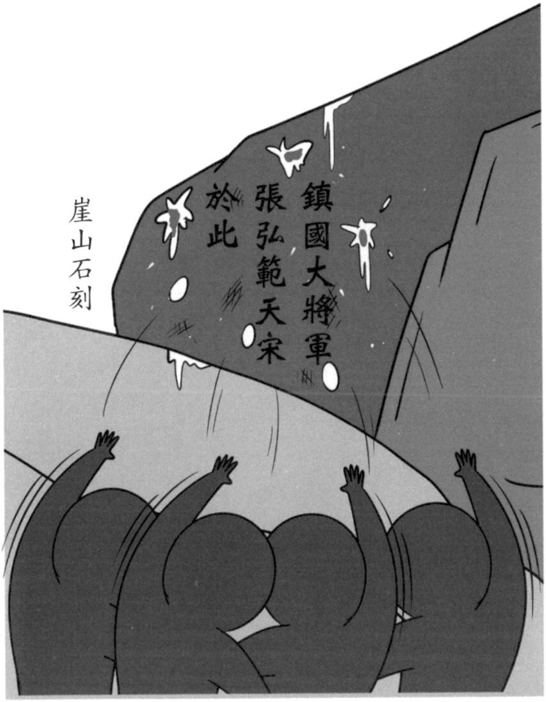
崖山石刻
鎮國大將軍
張弘範天宋
於此

認同差異大到什麼地步呢？舉兩個例子，山西文廟裡的孔子塑像披髮左衽，河北的張弘範是滅南宋的主將。

又輪到我出場了…
君子和而不同，
同而不和。君子
義，小人喻
和為貴
鮮矣仁
仁者不憂，勇

要消弭這種認同差異，最好的策略是「再造華夏」，即用儒家文明將南北重新扭成一股繩，具體措施之一就是「去胡風」。

草原的收繼婚俗，有其現實生存的考量，但在儒家文化看來，這是壞了「人倫」。所以，在朱元璋這裡，姚小五這個案子就不只是法律問題了，還是一個政治問題，事關大明的道統。

要講政治！

從唐鐸事後的舉措來看，他顯然是領會到了這層「聖意」，旗幟鮮明講政治。所以唐鐸單刀直入，指責王峕「不行明坐妄取他人妻室為妻之罪」。

王大人，你這是
怎麼斷案的？
都察院
有什麼不妥嗎？
唐鐸
王峕

你品，你細品。
我不品！

唐鐸的理由有四：

1. 唐閏山是鎮江衛籍，而史靈芝是山西洪洞戶籍。
2. 唐閏山與史靈芝往日無私情。
3. 唐閏山之兄早就死了，王旹是吹毛求疵。
4. 王旹打算差人千里勾取媒人，這是擾民。

王旹覺得按《大明律》和風俗辦事，這叫「照章辦事」，合理合法。他堅決認為自己沒錯，是唐鐸故意整他。不僅如此，王旹還說了一句不講政治的話，他當著唐鐸的面用了一個武則天時來俊臣的典故，來暗諷朱元璋是一個「暴君」。

你入我罪，久後少不得請公入甕*。
你厲害，再見！

＊「請公入甕」意同「請君入甕」，為來俊臣的刑求法。

這幫廢物，書都讀到哪兒去了，亂倫的事都支持，都得死！
皇上息怒！

唐鐸把王峕的話稟報給朱元璋，朱元璋一怒之下大開殺戒——「所以有司，盡行處斬」！

洪洞知縣「不行與民辨明，擒拿奸詐之徒」，刑部尚書王峕「上侮朝廷，下慢執法之官」，二人分別獲罪於此。

刀下留人啊！
你喊的沒用！

我們純屬「躺著中槍」。

看來我不應該來。

明初洪武朝，洪洞縣歸平陽府管，平陽府歸山西布政使司管，不知道姚小五有沒有到這兩個單位去告狀。如果去了，平陽太守和山西布政使也難逃一劫。

至於姚小五、史靈芝和唐閨山的結局，《明大誥》沒有記載。從「所以有司，盡行處斬」八個字來推斷，他們應該是各回各家。

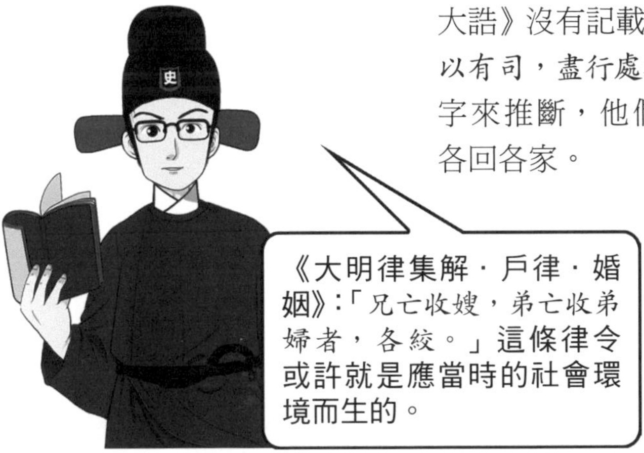
《大明律集解·戶律·婚姻》:「兄亡收嫂，弟亡收弟婦者，各絞。」這條律令或許就是應當時的社會環境而生的。

編後語

我們總會認為歷史非黑即白，而世情往往是五彩的。明初姚小五一案中涉及的人，很難用單純的好壞來定義，每個人或多或少都被時代所左右。

姚小五作為明初的一個農民，應該是在戰亂中來到這個世上。不久，大明王朝重新統一了天下，但整個社會依然是千瘡百孔，經過十幾年的休養生息，農民的生活才算勉強安定下來。在這樣的背景下，姚小五娶了家境尚可的史靈芝，還生了三個兒女，這對農耕社會的古人來說，也算是過著幸福平靜的日子。

唐閏山的出現打破了這種平靜，眼看著家庭受到破壞，姚小五自然要不惜一切代價去維護。在交通不便的古代社會，姚小五從縣裡一直告到京城。我們難以計算出他從山西洪洞縣到山西平陽府、山西布政使司，再到京城應天所花費的時間和物質成本，但可以感受到他作為一個男人，維護家庭的那種決心和韌性。

姚小五的配偶史靈芝，幼年定親的對象早夭。為了不耽擱史靈芝的青春，史靈芝的父母把她許給了姚小五。這個故事中，並沒有關於史靈芝的直接記載，但姚小五進京告御狀，背後顯然有她的認同與支持，與姚小五一樣，她想維護這個家。且不論她與姚小五婚後相處得是否稱心如意，作為一個母親，史靈芝也很難丟下自己的三個兒女，如果她被朝廷判給了唐閏山，她的兒女怎麼辦？！

唐閏山長期在江蘇鎮江當兵，好不容易熬到兵部同意他到山西洪洞接家屬回鎮江一起生活，按照習俗，他也想順帶接走「嫂嫂」史靈芝。山西這個地方，從靖康之變後，就是金朝統治，後來金朝覆亡，又是元朝統治。金人和元人都實行收繼婚制，也就是哥哥死了，弟弟可以娶嫂嫂，如果弟弟要娶，嫂嫂是沒有權利拒絕的。兩百多年都是這麼過來的，因此唐閏山想接走史靈芝，也是情理之中的事。問題的關鍵在於史家當年有沒有退彩禮，如果退了彩禮，就表明史靈芝並非唐閏山的「嫂子」，那麼唐閏山的行為就是無理取鬧了。

再說兵部的文書。《明大誥》記載得比較簡略，只有「著落洪洞縣將唐閏山家屬起赴鎮江完聚」一句話。實際上文書中的內容會比較具體，為了避免士兵把不相關的人當成家屬接到衛所裡面，兵部肯定會事先核實具體的家庭成員。所以，可以推測史靈芝也在這個名單當中。這表明「兄死則妻其嫂」這個前朝習俗，在明初依然風行，即便是兵部的後勤人員，也默認這種風俗，在文書中加上了史靈芝的名字。

山西洪洞縣知縣具體的名字沒有查到，但洪武十八年時已經開科很多年了，知縣一般是舉人出身。自幼讀聖賢書，他當然知道「兄死則妻其嫂」不合聖賢之意，也知道史靈芝已出嫁好幾年，兒女都有三個了。就算《大明律》關於此案的法令存在缺失，他也可以用春秋決獄，支援姚小五的「（史靈芝）不系軍人唐閏山妻室」的訴求，或者即便按現行法律和風俗處理此事，也要搞清楚史家當年有沒有退還彩禮給唐家。但知縣並沒有這麼做，在恪守良知與遵從兵部命令的兩難選項之間，他選擇了避開這個棘手的案子，明哲保身。這可以說是古往今來大部分官僚行事風格的寫照。

刑部尚書王峕，是一個堅守法令和原則的人。姚小五這個案子的關鍵在史靈芝與唐閏山之兄訂婚時的媒人，媒人作為原告與被告之外的協力廠商，可以證實史靈芝與唐閏山之兄當年是否訂婚，如果訂婚了後來是否兩清。「勾取媒人」表明了王峕的專業素養。所以，當御史唐鐸指責他「勾取媒人的行為是動擾良民」時，王峕已經敏銳地感覺到這個案件不僅僅是一個民事案件了。王峕本來可以低頭「認錯」，但他在面對唐鐸的指責時選擇堅持自己的原則。最後，他與唐鐸起衝突，把唐鐸比作唐代武則天時期的酷吏來俊臣，也就注定了他的悲慘下場。

朱元璋則面臨著治理難題。明朝建立後，朱元璋面臨著幾個很現實的問題：一是華夷秩序顛覆，儒學為代表的傳統文化遭到極大挑戰，元代的收繼婚制到了明初還有延續就是一個例子；二是北方漢人在遼金元時期存在不同程度的「胡化」現象；三是「北人」和「南人」被分割為兩個不同的群體，產生了巨大的認同差異。

朱元璋要消弭南北認同差異，將北方納入「大明共同體」中，在當時的情況下，「再造華夏」是最佳的選擇。為此，他不惜採取激烈的手段，展開一系列「去胡風」的禮俗改革。刑部尚書王峕這種「不講政治」的人，也就成了這股洪流的犧牲品。如果朱元璋的手段平和一些，王峕這種技術官員或許僅僅是結束政治生涯，而非丟了性命。

楊生財

沒有監視器的年代，知縣如何智擒人口販子

明朝崇禎七年（1634），直隸濬縣（今河南省鶴壁市濬縣）衙門來了一個農民，此人叫楊生財，是內黃縣（今河南省安陽市內黃縣）人。

堂下告何事啊？
明光大正
濬縣縣令
張肯堂
稟老爺，草民狀告本縣民人趙奉伯強佔犬子不還。
楊生財

楊生財聲稱自己中年得子，孩子乳名大郎，三歲那年被人迷拐。楊生財曾到內黃縣衙門報案，因縣衙一直抓不到嫌犯，此案便成了懸案。

不是他嗎？都叫大郎。
內黃縣捕頭
微笑中透露著無奈

無可奈何之下，楊生財走遍內黃、湯陰（今河南省安陽市湯陰縣）、淇縣（今河南省鶴壁市淇縣）、濬縣，花了三年時間找孩子。

他逢人便問，見孩子就看，不知遭了多少白眼，甚至因為到處看別人的孩子，受到了不少打罵，可以說歷經千辛萬苦。

一看就不像好人，想拐賣小孩來著？
楊生財
不是，是我的小孩被拐了。

後來，在濬縣西關一個叫趙奉伯的人家裡，楊生財突然發現了兒子，雖然離散了三年，但從孩子的眼神及神態，他確定那就是自己的孩子。

確認過眼神，這小孩是我老楊家的人！
不好！
趙奉伯
楊生財

既然他認出了孩子，當然要把孩子接回家，但是趙奉伯不肯。

楊生財只好到衙門告狀，懇請知縣太爺作主，裁斷此子歸宗，並嚴懲拐賣孩子的人口販子。

正大光明
原來如此。若你所言屬實，本官定當為你作主。
謝大老爺！

楊生財的戶籍並不在濬縣，只是被告人是這個縣的。他為什麼選擇在濬縣告狀？
據《明律・刑律・訴訟》「告狀不受理」條規定，跨州縣的案子，原告在哪個衙門告狀，就由哪個衙門受理。案情調查清楚以後，就在這個衙門結案。
如果衙門不受理呢？
縣令就要承擔責任，被杖責八十。

時任濬縣知縣的張肯堂，正準備安排衙役抓人時，趙奉伯也來告狀。他說，大郎是他親生兒子，從出生到現在，都是他親自撫養，附近村民都可以為他作證。

正想抓你，你自投羅網了，還算識相。
濬縣縣令
張肯堂
趙奉伯
稟老爺，大郎是我的兒子。姓楊的這個人失心風了，請老爺明斷。

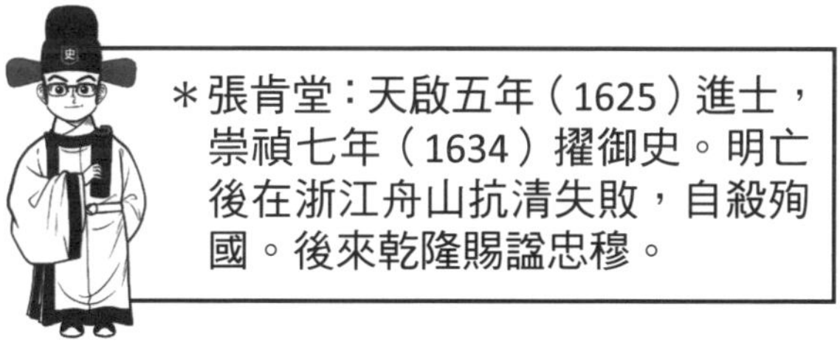
＊張肯堂：天啟五年（1625）進士，崇禎七年（1634）擢御史。明亡後在浙江舟山抗清失敗，自殺殉國。後來乾隆賜諡忠穆。

雙方互控，自然要提及原告、被告及證人。楊生財是外縣人，找不到人為他作證；趙奉伯是本地人，有很多鄰居願意給他作證，他們都說孩子是趙奉伯親生的。這一人對多人，楊生財就顯得很無助。

大郎這孩子啊，是
我看著長大的。
是啊，這孩子很淘氣。
鄰居張三
鄰居李四

正大光明
鄰居李四
鄰居張三
楊生財
顛倒黑白，小心生兒子沒屁眼。

張知縣見此，下令要衙役把大郎帶來，讓大郎站在趙奉伯和楊生財中間，然後，讓他們叫孩子的名字，看看孩子認誰做父親。孩子先看看楊生財，再看看趙奉伯，最後走到了趙奉伯身邊，還將他抱住，看起來非常親密。

正大光明
爹！
楊生財
趙奉伯

大老爺這招厲害！
實在厲害！
鄰居張三
鄰居李四

這個孩子的父親是誰，似乎已經明瞭。接下來，張知縣卻說了一番讓大家都意想不到的話——

此案關係到內黃縣，如若裁斷，必須先諮文內黃縣，查詢楊生財是否丟失孩子。還要楊生財的鄰佑（鄰居）為證，以查明其是否為奸惡之人。
濬縣縣令
張肯堂

既然案子一時結不了，張知縣便先將楊、趙兩個互為被告的人收押，孩子年幼，就暫時住在衙門，由張肯堂的母親照顧幾天。

這，萬萬沒想到……

七天之後，縣令張肯堂派人將楊生財和趙奉伯帶到公堂上，悲痛地對他們兩人說——

老夫人帶孩子非常小心，沒想到孩子卻突發熱症，本官趕緊叫僕人去請大夫。沒想到，孩子卻不張嘴，什麼藥都吃不下。他已經在今天早上病死了。
濬縣縣令　張肯堂

可嘆，可惜！
我的心碎了一地。
趙奉伯
楊生財

張知縣的一席話說完，楊生財哭得死去活來，趙奉伯則只是感嘆不已，臉上並沒有多少痛苦之色。

事到如今，你們說出實話吧？

大人，他是我的孩子。他生是楊家人，死是楊家鬼，請大人一定要讓他認祖歸宗，讓我將他帶回老家安葬。
這孩子真的是小人的。
濬縣縣令　張肯堂

看你二人的表情，本官已經明白八九分。大郎在老夫人的呵護下，豈會死去？楊生財聞知孩子死訊，痛不欲生，而趙奉伯只有嘆息，可見至親之天性。

一生一死，乃知真情。此時張知縣已心如明鏡。

楊生財
不是做夢吧？!
完了，被詐了！
趙奉伯

原來，前幾天張知縣派人到內黃縣調查，發現楊生財確實於三年前丟失孩子，內黃縣衙門也早已立案，再者，趙奉伯鄰居所證之事，都是孩子三歲以後的事。

鐵證如山，還不從實招來？趙奉伯，你到底在哪裡買的孩子？
趙奉伯

隨後，張知縣便讓衙役給趙奉伯上了夾棍，擺出一副夾死勿論的架勢。

趙奉伯驚恐不已，沒等用刑就開始說了。

三年前，小人從淇縣王三寶手裡將大郎買過來，花了十五兩。王三寶說孩子是他的，因為家窮，養活不起，所以就將他賣出，立下契約，不起糾紛。

張知縣讓趙奉伯回家取來契約，這份契約是白契（未經官府加蓋官印的契約稱白契），上面除了王三寶和趙奉伯簽字畫押的痕跡，還有三名中間人的落款。

王三寶家住淇縣，並不屬於張知縣管轄。要到淇縣抓人，需要知照淇縣知縣。如果淇縣知縣不配合，則很難破獲這個人口拐賣案。

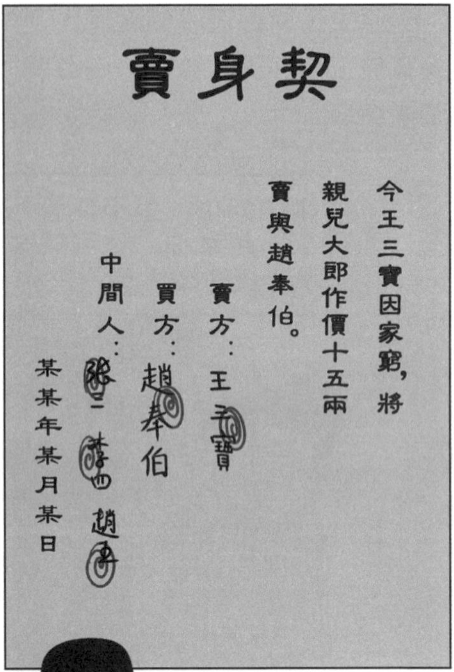
賣身契
今王三寶因家窮，將
親兒大郎作價十五兩
賣與趙奉伯。
賣方：王三寶
買方：趙奉伯
中間人：張二
某某年某月某日

當官不為民作主，不如回家賣紅薯。

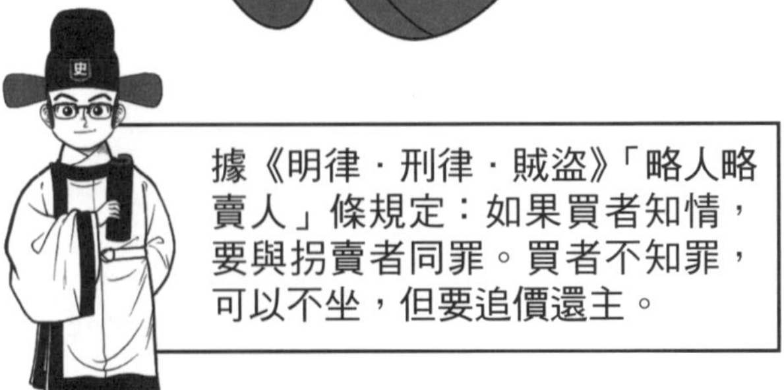
史
據《明律．刑律．賊盜》「略人略賣人」條規定：如果買者知情，要與拐賣者同罪。買者不知罪，可以不坐，但要追價還主。

就目前來說，原告和被告還是比較好處理的。趙奉伯買入大郎之時，並不知曉大郎是被拐來的，那麼他就沒有罪責，只需要把十五兩銀子從人口販子那裡追回後，交給楊生財就行。

王三寶→十五兩→趙奉伯→十五兩→
楊生財→大郎→

天網恢恢，疏而不漏。
濬縣縣令 張肯堂

問題在於首惡王三寶在淇縣。張知縣在官場混跡多年，深知如果走正規流程，這個案子不知道要被拖到何年何月。張知縣非常痛恨這些人口販子，因為他們幹的勾當喪盡天良、滅絕人倫。所以，他絕不能容忍這些人逍遙法外。

既然不能走正規程序，那就變通處理。張知縣從庫銀中預支十五兩給楊生財，讓他先將大郎帶回家。

大人陰德齊天，楊姓當萬世懷德！
行了，回去吧！
張肯堂
楊生財

如此這般，這般如此。
明白，縣爺。

然後張知縣將自己的親信叫來，對他們進行了一番交代。親信接受密令後，來到淇縣，化裝成富商，四處打探王三寶的下落。功夫不負有心人，在四處走訪後，他們找到了王三寶家。

老闆，跟您打聽一個人，知道王三寶嗎？
你要幹嘛？
今日供應
熱菜
肉夾饃
纏絲鴨蛋
酸菜糊塗麵條
我是個做小買賣的，聊個閒話……

說起這個王三寶呀，@# ￥%……

親信見到王三寶後，說自己家裡非常有錢，家族產業龐大，可惜後繼無人，希望王三寶能夠賣一個孩子給他。王三寶聽他是江南口音，知道像這樣買家來自遠處的交易，官府難以查證，所以一開口就是天價。

這位掌櫃，不知要
暗貨還是明貨？
啥？都行。
＊暗貨是指拐賣而來的婦女和孩子，
明貨是指自己親生的孩子，以及與
家人生氣而自己出走的婦女。
至少這個數！
沒問題，一言為定。
今天發了，
遇到了大
外行。

王三寶沒想到對方毫不猶豫就答應了，並且還給了定金。他覺得這個人可靠，就約定了交易時間。

大掌櫃爽快！十天之後，午時三刻，城隍廟。
一言為定，不見不散。

親信將這個消息傳給張知縣，張知縣便給淇縣知縣修書一封，說在濬縣發現了一夥強盜，為首的就是王三寶。他希望得到淇縣的配合，將大盜王三寶擒獲，以正國法。

本縣居然出了大盜？邢捕頭，你是吃乾飯的？
這……
淇縣知縣
邢捕頭

張知縣為什麼要把王三寶說成強盜呢？因為明朝法律有規定，只要牽涉到強盜，那就是大案；若強盜搶得錢財，不分首從，都是要處死的。如果官員發現強盜卻不實施抓捕，會被革職查辦。

哎喲我去，這世道做捕快都這麼拚命，隔壁縣居然到我這裡來查案了。
邢捕頭

張知縣弄出這樣一封書信，淇縣知縣就不敢不配合。他立馬派十名捕快，來接應張知縣派出的十名捕快，合兵一處之後，就來到約定的交易地點。

城隍廟
功德昭彰
弟兄們埋伏好，見機行事！

王三寶等人根本就想不到這是個圈套，他帶了十二名手下前來，結果被一網打盡。

這件事鬧得真大。

捕快們根據他們供出的線索，解救出被拐的三名婦女和六名八歲以下的孩子。拐賣犯抓到了，受害人解救了，捕快們就押著他們回到濬縣。

有我淇縣邢捕頭在此，誰敢造次！

嘿嘿，皮鞭之刑，
真刺激！
別別別，
我全招。

這是一起名副其實的大案，必須要審問明白，按律擬罪，才能得到上司批准，將所有罪犯繩之以法。張知縣對所有的嫌疑犯和被害人分別進行審訊，最終弄清楚了這夥人口販子的所作所為。

王三寶是這群人的帶頭大哥，他的手下有八個男人和三個女子。他們行蹤不定，流竄作案，活動於多個縣境內，尋找機會以下迷藥或者行騙的方式，將婦女和兒童拐走，然後販賣。

拐了，賣了。

這麼一群作惡多端之徒，不嚴懲，說得過去嗎？
史
依明律，拐賣人口的犯罪集團，若有使用迷藥、凌辱婦女的行為，罪同強盜。不分首從，一律嚴懲。

故此，張知縣的判決如下：將王三寶等三人擬梟首示眾，將李二奎等三人斬首，將王八姐等三人絞刑，其餘則杖一百、流三千里。

明光大正
大人，買賣同罪，那個江南商人怎麼沒有被判刑？

哈哈，這是本官的親信。
明光大正
對不起，
我是臥底。
釣魚執法？
為官的要比罪犯更奸，才能讓爾等罪惡之徒伏法。

對於被拐賣的人員，有家屬者，張知縣就讓家屬來領，沒有家屬者，就送到養濟院；已經賣往外地者，只要找到了，就遣返回家。

對於買主，知情者與從犯同罪，不知情者略做罰款。

青天大老爺！

當年拐賣案當事人　大郎
生之恩，養之情，誰又能夠說得清呢？

最後，交代一下楊生財、大郎和趙奉伯的後續情況。楊生財領走大郎的時候，張知縣就告訴他們，趙奉伯撫養大郎三年，也實屬不易，要大郎記得趙奉伯的恩情。趙奉伯死後，大郎前去披麻戴孝，為他送行。後來，大郎生了三個兒子，就讓一個孩子改姓趙，延續趙家香火。

史
拐賣婦女兒童的犯罪行為，並沒有隨著歷史的煙塵而消散，即便在當下，被拐的婦女兒童即便得到了解救，局外人依然多是看得見團聚，而看不見悲傷。
願天下無拐，親人永愛。

編後語

本篇漫畫內容來源於南開大學柏樺教授的《柏樺講明代奇案》中的案例，我們查詢了好久，並沒有查到故事的確切原始出處。二人爭子的故事是傳統刑獄話本、戲曲和小說的一個母題。

成書於五代的《疑獄集》中，有一篇關於揣度人情的案例「李崇還兒」（《李崇察悲哓》）廣為流傳。北魏時期的李崇任揚州刺史時，有個叫苟泰的人，他家小孩三歲時失蹤了，後來在趙奉伯家被發現，雙方都說小孩是自己的，並有左鄰右舍作證。李崇讓雙方與小孩隔離了數日，而後忽然派獄史向雙方報信：「小孩已經暴病而死，可領回去埋葬。」苟泰聞訊，悲痛欲絕，趙奉伯感慨不已，卻無傷心之容色。李崇當機立斷，將小孩歸還給苟泰，趙奉伯認罪服法。

與「李崇還兒」類似的故事，在著名元曲《包待制智勘灰欄記》中也得到出色的演繹。富翁馬均卿娶妾張海棠，生有一子。馬妻與州衙的趙令史有奸，合謀毒死親夫，反誣海棠，並詐稱海棠所生的兒子是她的兒子，以圖取得財產繼承權。海棠被判死罪。之後，開封府尹包拯推詳案情，親自審問，用石灰在孩子周圍畫個圓圈（即「灰欄」），令馬妻和海棠各執孩子一手，誰能把孩子拉出來，誰就是他的生母。海棠唯恐傷害兒子，不肯用力；馬妻卻使勁拉扯，將孩子拉了出來。包拯由此辨明是非，昭雪了冤獄。

晚明余象斗的《皇明諸司廉明奇判公案傳．卷五爭占類》中也有與「李崇還兒」相似的「李太守判爭兒子」的故事。揚州府小民勾泰家境富裕，四十歲時才得一兒子，小名一郎。三歲時，一郎為人口販子所拐賣，賣給富戶趙奉伯。一年多以後，勾泰到城外去收租，恰好路過趙奉伯家門口，發現了自己的兒子。勾泰直奔府衙告狀，趙奉伯隨即收買鄰居作證，也到府衙申訴。知府李崇接了狀子，隨即升堂問案，二人言之鑿鑿，都說一郎是自己的兒子。李知府無從判斷，心生一計，將二人關押七天後，告知一郎不幸病死，從而透過二人的反應判斷一郎是誰的兒子。

余象斗《皇明諸司廉明奇判公案傳》的故事中，並沒有記載人口販子的結局。雖然一郎找回來了，但揚善不懲惡，讀者難免會感到遺憾。所以，漫畫中的這個案例可能是出自清代的刑獄公案故事，隨著時代的發展，故事中的一些細節也更真實化了，像是出現了縣令張肯堂。

張肯堂，字載寧，南直隸松江府華亭縣人，明熹宗天啟五年進士，授北直隸大名府濬縣知縣，崇禎七年擢御史。歷史上，張肯堂以他在濬縣任上裁決的大小案件的判牘，彙編成《㽕辭》。該書序言中寫道：「誅不仁如鷹鸇逐鳥雀。」這句話出自《左傳》記載的「子產問政」的故事：

晉國的程鄭死了，鄭國的執政者子產才瞭解了鄭國大夫然明的料事如神和智慧，就向然明請教如何施行政事。然明對他說：「對待人民像對待自己的孩子一樣。發現不講仁義的人，就誅罰他，像鷹鸇一類凶猛的鳥捕捉小鳥雀那樣。」

賞善罰惡的主張顯然更符合讀者的期待。不過，《峃辭》這類的書放到現在就是法官的判決書合集，去翻看的人並不多，因此《峃辭》流傳的範圍也不會很廣。那麼，張肯堂又是如何成為故事中的「青天」的呢？這與晚明印刷業繁榮有很大關係。

晚明的書坊非常興旺，尤其是江南。江南本來就是工商聚集之地，市民階層初步形成，又多文人墨客，連帶著印刷業也發展起來。江南一些大城市有專門的圖書鋪子一條街，裡面不僅有坐商，還有走門串巷的書客。

這些明代書商有點像現在的網路文章寫手，深知嚴肅文學沒人看，要寫輕鬆易讀的文章才能吸引讀者。萬曆二十二年（1594），有一個作者叫安遇時，透過與耕堂出了《包龍圖判百家公案》這本小說，銷量不錯。書商余象斗看它成了暢銷書，便找人搬來了刑部和各地衙門的卷宗，拼湊出《皇明諸司廉明奇判公案傳》。因為趕時間，有些故事內容只是把判詞、訴狀往裡面一放，但當時正流行公案小說，讀者對此也照單全收，因而此書也銷量大好。

在這種情況下，《峃辭》作為公開刻印的官方判牘，自然成了書商們借鑒、改編的對象。於是，張肯堂就成了明清公案話本中的「青天」之一。官官翻遍《峃辭》全書，也沒有翻到漫畫中的這個案子，倒是翻到了一個案子，其當事人是個農民，叫牛化騰，牛化騰的兒子牛三羊偷吃鄰居園子裡的瓜⋯⋯

可見，漫畫中的這個故事或許是歷代話本加上晚明的判牘糅合而成的，不能說它來自歷史文本，但它反映了明清百姓對於公正審判拐賣婦女兒童的案子的心理期待，這也是一種歷史真實。

黃讓

土匪不能不剿，
掘墳之仇不可不報

在明朝嘉靖年間，有一個人叫黃讓，生活在如今的廣東河源山區。

黃讓的家境不算窮困，他自己還頗有些學識，但在他十六歲時，家中遭遇不幸，父母接連去世，黃讓悲痛欲絕，在墳前守了三年。

雷猴（你好）啊！
我不講粵語，講客家話！
黃讓
鏡史官

喪不過三年，我就按最高規格來吧。
這樣的人肯定會成為好丈夫。

盧墓三年後，黃讓的生活回到正軌，娶了老婆，還生了兩個胖兒子。此時的他並不知道，命運的玩笑正從他家附近的大山中，一步步向他襲來。

一個、兩個都是養，再來一個又何妨。
有大兒子黃啟愚、二兒子黃啟魯，還不夠啊？

❶ 倭寇海盜

叩泥雞娃（日語「你好」的諧音），銀子給我一下！

在明代的廣東，有兩件令朝廷極為頭疼的事情。

❷ 山匪

臨時設個收費點，走過路過的請配合。

禁止出海！
明太祖 朱元璋
寸板不許下海！

為了防止倭寇攪擾作亂，自明太祖以來，明廷就一直在實行海禁。

而山匪問題則比倭寇問題更複雜，它是在特殊的時代背景下產生的。明朝銀本位經濟形成，白銀需求量大，而廣東中部山區銀、鐵等礦產資源豐富，於是出現了大批礦盜。

兄弟們！搶出礦石以後大秤分銀！

直到有一天——

上面說了，寧可關了，也不給你們！
勇
喔嚯，令人悔恨。

搶不到礦石去轉賣的礦盜，失去了得利的管道，他們本就是非法團體，於是乾脆嘯聚山林，做起了沒本錢的買賣，部分失業的人也紛紛加入，廣東山區的山匪就越來越多。

替天行道
也替天行道
替宇宙行道
二龍山
桃花山
白虎山

山匪嘯聚山林時，打劫方法主要有三種：

❶ 劫道

此樹是我栽，此路是我開！

❷ 綁架

叫你的家人拿
銀子來贖！

❸ 掘墓

等你後人給錢，
再給你埋回去。

而倒楣蛋黃讓，就體驗了山匪提供的一條龍服務。最開始，是他的兄長被山匪綁架了。

不想他死就拿
三百金來贖！
大老，錢給你，千
萬別傷我哥哥！
黃讓

接著，山匪葉千掘開了黃讓父母的墳塋，用屍骨要脅黃讓，索取一千金。

甭廢話，拿錢吧！
銀子早已被掏空，我用自己
來換父母的屍骨可以吧？
可以。

很快的，黃讓的大兒子黃啟愚、二兒子黃啟魯聽到消息，他們十分焦急，第一反應就是去親戚家籌錢救人。

大伯！我爹被山匪綁了，求您借點錢！
我不在——不是，你們大伯不在！

二兒子黃啟魯沒有借到錢，就跑到山寨，用自己去換老爹黃讓，讓黃讓回家拿著地契去賣田。

我家現在借不到錢，只能賣田。
賣賣賣！趕快！
黃啟魯
黃讓

可是賣田需要我爹親自拿著地契去賣。
那怎麼辦？
要不然用我換我爹吧，再讓我爹來贖我。
……

黃讓被放了之後，心急如焚，急忙回家籌款，誰知在下山路上被另外一個寨子的土匪攔住了。

此樹是我栽，此路是我開！
……
黃讓

由於黃讓久久不來贖人，山匪葉千怒從心頭起，用繩子拴住黃啟魯的腳踝，將他倒掛起來折磨。

說好了三天，結果三天又三天，三天又三天！
黃啟魯

山匪葉千不知道，黃讓就在同一座大山的另一個山寨中。

替天行道
救命啊！
黃啟魯
也替天行道
替宇宙行道
黃讓
救命啊！

不久，整座大山的山匪們，都聽見了淒慘而響亮的哭喊聲。當他們走出去看時，發現一個少年正在月光之下慟哭不已。原來黃讓的大兒子黃啟愚，看到父親和弟弟都沒回來，就找上山來了。

老爹啊！老弟啊！
你們在哪兒啊？
嗚嗚嗚
嗚嗚嗚
黃啟愚

別號喪啦！我放你老弟回去！
帶著你老爹，趕緊滾！
Only you（只有你），能做個好人；
Only you，能放了我親人。

淒慘的哭聲日夜以繼，山匪們受不了了，將黃讓和黃啟魯父子放回家。

事情似乎已經過去了，但黃氏父子卻不這麼想。

掘墳之仇，不共戴天，整座山的賊寇，我們都要蕩平！

可是方圓百里沒有官兵，光憑我們三人如何成事？
知識就是力量！

當時，朝廷為了治理廣東地區肆虐的倭寇與山匪，任命抗倭將領吳桂芳為兵部右侍郎兼右僉都御史，提督兩廣軍務兼理巡撫。黃讓看準時機，想辦法見到了吳桂芳，獻上剿匪策略。

在此地置縣，將百姓安頓下來，並且召集士兵，則匪患可平。
吳桂芳
黃讓

這番話說動了吳桂芳，吳桂芳就在上疏時提到這件事，可是並沒有得到重視。直到近十年後，廣東的山匪問題才得到朝廷的重視。

當皇帝的第一年，取消海禁搞錢錢。
明穆宗
朱載垕
皇上，這是廣東的資料。

第一步已經邁出，雖然
這一步邁得有點久。
黃讓
黃啟愚
黃啟魯

終於，在明穆宗隆慶三年（1569），朝廷置永安縣（今廣東省河源市紫金縣），而獻策有功的黃讓，成了管理修築縣城事務的巡方官。

在黃讓的主持下，縣城修築工作進展得十分順利。黃讓也深得上官賞識，很快便得到一個帶兵的機會。

咱們縣要籌備一隊鄉兵，誰想帶兵去剿匪，就把手舉高高！
永安知縣
陳哲
……

這麼高夠嗎？
黃讓，好樣兒的！

黃讓這些年來，學了不少御兵之策。在黃讓父子三人的帶領下，這批鄉兵很快便打出名聲。

第一年攻破琴江賊寇劉漢江，第二年剿滅山賊蘇允山，可惜的是，黃讓的大兒子黃啟愚在這場戰鬥中犧牲。

老爹啊！老弟啊！我不能與你們一起並肩戰鬥了！
黃啟愚
注：危險動作請不要模仿

喪子之痛並沒有讓黃讓打退堂鼓，他對剿匪這件事更加執著了。黃啟愚死後第二年，黃讓主動散盡家財，與黃啟魯召集了上百死士，投入監軍道顧養謙的麾下。

我要當前鋒！
很好！
監軍道 顧養謙
黃讓
黃啟魯

在顧養謙的部署下，黃讓跟著當時的永安知縣陳中立剿匪。陳中立撫剿並用，除掉了不少土匪。

斬首，給我當狗，二選一。
願效犬馬之勞。
永安知縣 陳中立

但是這麼多山匪裡，總有難應付的對象。

投誠早日從寬，
反抗就去投胎。
麼哈，
麼哈？
今天，我們要站
著把錢給賺了。

在圍剿江萬松時，官兵與其對峙了七天。為了打破僵局，黃讓孤身一人走進了江萬松的賊窩，不出意料地，他被群匪綁起來，變成俘虜。對此，匪首江萬松很疑惑，畢竟他知道黃讓是官兵頭目之一。

我……全說，官兵
打算從山後繞道偷
襲，我提前來踩點。
這就對了。
黃讓
匪首
江萬松

弟兄們，後山加強守備！
我們會守住山門的。

與此同時，黃啟魯帶兵從山寨前門攻了進去，山匪被打得亂成一團，黃讓也被黃啟魯帶著士兵趁機救下，但兒子黃啟魯在戰鬥中犧牲了。

兒子，兒子！
阿爸，我下去
陪阿哥了。
黃讓
黃啟魯

雖然兩個兒子接連戰死，但是黃讓的腳步邁得更堅定了。在黃啟魯死後，黃讓又接連創造奇蹟，他帶兵生擒山匪一百五十人，說服了四個山寨的山匪，投降的山匪達到一千七百四十八人，堪稱「永安小戰神」，最終幫助官兵蕩平了當地山匪，包括當初綁架黃讓和掘黃家墳墓的那些土匪。

是個狠人！

按理說，黃讓的官途不可限量，然而，每當上面有封賞下來，黃讓都一口拒絕。

我是為了報祖墳被挖之仇。
黃讓

報仇雪恨後的黃讓辭官歸隱，深藏功與名，活到了八十一歲才去世。他們父子三人為報挖祖墳之仇而滅光山匪的光輝往事，在當地人口中廣為流傳。

敲寡婦門，挖絕戶墳。
小心黃讓找你！

編後語

黃讓的事蹟在《廣東新語》、《廣東通志》等文獻中都有記載，在一些細節上有所出入，但故事大體相同，黃讓和兩個兒子，則被稱為「一門三孝」。

在今天看來，長輩的墳墓被挖固然是一件令人憤怒的事情，但這種憤怒與鮮活的生命相比，卻完全不等價。如今人文思潮興盛，人們認同每一個個體都應當被尊重，因此，為了上一代而犧牲個人幸福乃至生命，並不符合當今大多數人的價值觀。

在今人眼中，孝順大多體現為對父母的關愛、照顧，這是發自內心的。在人格上說，父母與子女是平等的；從權利上說，子女成年以後，就成了一位獨立的公民，而非父母的附屬品。我們可能會為長輩奉獻，但這種奉獻需要在合理的限度之內。

然而在古代，出於封建統治的需要，為了維護孝道、貞節、忠義而不計代價的案例，被作為典型宣傳：《晉書》中有臥冰求鯉的傳說，為了讓母親吃到魚，兒子不惜用體溫融化冰面，這是不惜犧牲自己的健康；《藝文類聚》中有戲彩娛親的故事，為了讓父母發笑，老萊子即使已經年過七十、受人尊敬，但他依然常常穿花衣，效仿嬰兒扮醜撒嬌，這是不惜犧牲自己的尊嚴。雖然如今也有人偶爾扮醜來逗親人開心，但如果將這種怪異的打扮和舉動變為常態，在今天看來，顯然超過了界限。

古人並不僅僅將孝當作一種道德標準。一方面，孝的實現往往伴隨著兒女的自我犧牲；另一方面，孝也與天人感應相結合，因此出現了無數因為至孝感動上天的傳聞。

唐代《十二真君傳》中的兩則記載很能説明問題：

第一則關於一位叫吳猛的神人，他的事蹟早在晉代就已有記載，據説他因為孝順而得到仙人青睞，習得神奇法術，可以令風停止。而《十二真君傳》中則詳細描寫了吳猛孝順的案例，説兒時的吳猛，夏天在家裡被蚊子叮，從來都是忍著，他認為如果將蚊子趕走，那自己的父母就會被蚊子叮，自己是在代替父母被蚊子叮。

第二則關於曲阜的蘭公，據説蘭公非常孝順，感動了上天，仙人親自下凡點撥，並表示：孝在天上傳播，可以令日月大放光明；在地上傳播，可以令萬物滋生；在民間傳播，天下就可以施行王道（夫孝至於天，日月為之明；孝至於地，萬物為之生；孝至於民，王道為之成）。這可以顯示出，在作者看來，孝不僅是一種人類的行為準則，甚至成了宇宙運行規律。

在明代，雖然朱元璋曾對「為孝自殘」的做法加以抨擊，但由於「明刑弼教」的影響，三綱五常不僅存在於人們心裡，還被寫入了法律。朱元璋在《御制大誥續編》中就曾寫明，侍奉父母要「冬溫、夏清、晨省、昏定」；父母有命，如果合於禮法，就要立刻執行，如果不合禮法，那就要「哀告於再三」；父母已成的家業要守護，父母未成的家業，子女就有義務替他們完成。

這些規定和教化，使得在明清時期，孝道對人的束縛越來越沉重，典型案例也越來越極端，而如今人們常說的「不要將自己的夢想強加在孩子身上」等言論，放在明代，是相當叛逆的。

本篇所講的「一門三孝」就是明代的孝順典範，為了換父母屍骨，黃讓一個大活人甘當人質；後來，黃讓帶著兒子與匪徒長期戰鬥，並非為了百姓，也不是為了正義，而是為了報掘墳之仇，成全自己的孝，而這在當時，甚至已經算是較為溫和的案例了。

極端的案例是極為血腥的，清初的《廣東新語》中就曾記載：清兵將新會縣圍困時，城中糧盡，守城士兵開始殺百姓，吃人肉充飢，而這時出現了一批女子，她們自願為自己的公婆、父母、丈夫而死，希望士兵放過公婆、父母、丈夫，改為吃掉她們，甚至還有女子用「妾幸膏腴」等言語，來給自己「打廣告」。

對於這種極端的「孝」，作者屈大均認為非常可貴，是「孝烈」，並賦詩一首，現摘錄在此，作為結尾：

可憐窈窕三羅敷，肌如冰雪顏如荼。
再拜乞充君庖廚，解妝請代姑與夫。
妾年尚少甘且脆，姑與夫老肉不如。
請君先割妾膏腴，味香不負君刀殳。
食之若厭飫，願還妾頭顱。
姑老夫無子，妾命敢踟躕。
有女年十餘，緹縈亦不殊。
哀求赴湯鑊，保父千金軀。

沈鍊

文武雙全，力鬥嚴嵩：
埋骨荒外的錦衣衛鬥士

有部武俠電影叫《繡春刀II：修羅戰場》。該片講述了明天啟七年（1627），錦衣衛沈鍊在追查案件的過程中身陷陰謀，為了證明自己的清白，與少女北齋、同僚裴綸協力查明真相的故事。

這是一個什麼樣的世道？我們要換個活法。
錦衣衛經歷　沈鍊

沈鍊這個人物並非完全虛構，歷史上實有其人，那就是明嘉靖年間錦衣衛經歷沈鍊，因力鬥權傾天下的內閣首輔嚴嵩，為此埋骨荒外。

長大了像于少保一樣，以身報國。
沈鍊之父
沈璧
沈鍊

根據《青霞年譜》的記載，沈鍊生於正德二年（1507）丁卯，字純甫，號青霞，會稽（在今浙江省紹興市）東郭里人。

沈鍊的祖籍是浙江麗水，祖上跟隨朱元璋起兵，被編為紹興衛人。衛戶（也稱軍戶）為世襲，除非丁盡戶絕或皇帝將其免除，否則是無法除籍的，因而至沈鍊一代，仍是衛籍人士。

衛（5600 人）
左千戶所（1120 人）
右千戶所（1120 人）
中千戶所（1120 人）
前千戶所（1120 人）
後千戶所（1120 人）
百戶所（120 人）
總旗（50 人）
小旗（10 人）

沈鍊少時便「俊悟絕人，始齔（七八歲）讀《易》，過目成誦」；十六歲時，進入府學讀書；二十歲時，提學副使為沈鍊的文章所震驚，說他異於常人且有氣節，遂將其選拔為第一。

今年的滿分作文，
要出爐了！
氧
提學副使
汪文盛

剛好王陽明（字伯安）回浙江講學，沈鍊從王陽明遊，深受其心學影響，獲王陽明「千里才」之贊。

令人窒息的答案

平生不識王伯安，
縱稱才子也枉然。
沈鍊，千里才！
王陽明
沈鍊
請教一下，
萬里才是誰呢？
萬里才是鏟史官。
鏟史官你別
給自己加戲。

越人向來有「文武相兼，道器並重」的傳統，加之沈鍊是衛籍，又深受王陽明影響，所以沈鍊習文之餘也練劍，自云「余亦滄江學劍人」。

我的劍長四十公尺，你可以先跑個三十九公尺。
青年沈鍊
史
據《青霞年譜》記載，沈鍊「拔劍起舞，有黃布如蓋，從空飛來」，可見他的劍術還不錯。

沈鍊極度愛劍，並把自己的行俠之意及報國之志融入其詩文當中。統計沈鍊的《青霞集》，「劍」字出現一百一十一次，在〈從軍行〉、〈出塞〉等詩文中更是頻頻出現。

〈俠客行〉
自打盤古開天闢地，
俠行天下是禮是義？
不戰而勝最是理想，
人在江湖身不由己。
除暴安良一身正氣，
…………
史

鐽史官你背錯了，那是電視劇《武林外傳》片尾曲。你先跑個三十九公尺吧。

〈俠客行〉

從來好遊俠，寶劍不曾離。
白馬馳長道，黃金報所知。
風流傾斗酒，調笑折花枝。
唯有燕雲念，平生未肯移。

二十五歲時，沈鍊考上舉人。三十二歲時，得中嘉靖十七年（1538）戊戌科進士。查該科進士題名碑，沈鍊位列三甲一百六十三名，同榜還有一名人——位列三甲一百八十八名的抗倭英雄胡宗憲。

來自嘉靖年間的微笑
這麼巧，你也上榜了啊！
是啊，太巧了！
胡宗憲
沈鍊

考中進士後，沈鍊任溧陽（今屬江蘇省常州市）縣令。溧陽靠近留都南京，為江南繁華之地。沈鍊因「搏擊豪強、衛赤子為急」，忤逆了御史，得調茌平（今屬山東省聊城市）令。

敢搞納稅大戶賽萬三？本官回頭參沈鍊一本，就說他魚肉鄉賢。
沈鍊太狠了，嚇得寶寶把大門漆成黑色了。
???
御史
江南富豪賽萬三
沈鍊

地處山東的茌平縣很荒涼，沈鍊被調任到這裡做縣令，算是薄懲。不久，因為其父沈璧去世，沈鍊回紹興丁憂（子女回家居喪盡孝）。

父親……

回到老家的沈鍊，和妻子徐氏的族弟徐文長等人創立了詩社，詩社的成員共十人，號稱「越中十子」。

嘉靖二十二年（1534）越中十子合影留念
沈鍊 徐文長

宇宙中最有才的在此。
在下不才，我是合影眾人中最有才的。
比一比？
比就比。

一日，沈鍊、徐文長幾人暢遊鏡湖，看到一女子騎馬。沈鍊即興賦詩一首〈六橋堤上看美人走馬〉，徐文長隨即和詩〈桃花堤上看美人走馬．和青霞君〉。

好馬配好鞍，
好鞍配小姐姐。
你這一點都
不押韻。
徐文長
沈鍊

守孝三年後，沈鍊補清豐（今河南省濮陽市清豐縣）縣令，有惠民之譽。錦衣衛指揮同知（從三品）陸炳聞而賢之，請吏部調沈鍊為錦衣衛經歷。

嘿，我這兒有
好馬和好鞍。
錦衣衛指揮同知 陸炳

傳說，調到錦衣衛後，某天沈鍊在庭院中自斟自飲，一個道士走進來，送了他一把「上方斬馬劍」，說此劍可以除掉皇帝身邊的佞臣。

呔！這是上方斬馬劍！
這是在暗示我什麼？
酒
錦衣衛經歷沈鍊專用桌

經過一段時間的考察，陸炳更加欣賞沈鍊了，經常帶他結交大臣。有一次，陸炳和沈鍊去嚴嵩家裡喝酒，嚴嵩的兒子嚴世蕃給客人灌酒，沈鍊看不慣，反灌嚴世蕃。

嚴大人還行嗎？
Are you fine ？
（你還好嗎？）
Yes,I'm fine.
（是的，我還好。）
Thank you.（謝謝。）
And you ？（你呢？）
哇哈哈哈哈哈。
沈鍊你喪心病狂地給我灌酒，我給你記到小本子上……回頭收拾你。
嚴世蕃

記仇

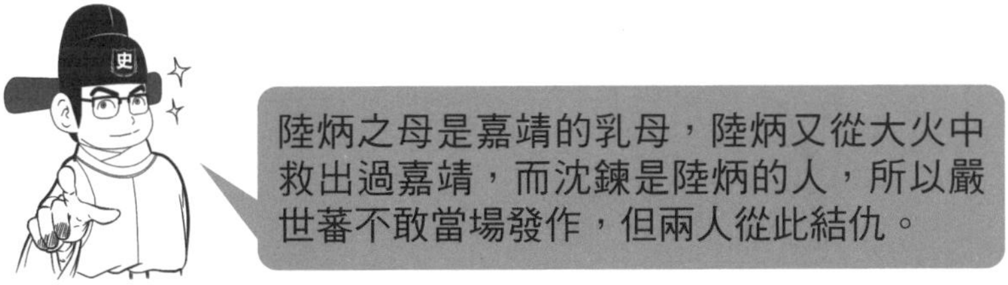
史
陸炳之母是嘉靖的乳母，陸炳又從大火中救出過嘉靖，而沈鍊是陸炳的人，所以嚴世蕃不敢當場發作，但兩人從此結仇。

嘉靖二十九年（1550），俺答（蒙古右翼土默特部首領）率軍進犯大同，一路殺到了孤山（在今北京通州區），史稱「庚戌之變」。

通州
一不小心打到
京師了……
俺答軍

當時京師戒嚴，沈鍊力勸陸炳別全關了城門，否則百姓無歸。陸炳言於嘉靖，嘉靖許之。幾萬百姓因此得救，沒有被俺答擄走。

老天爺，得救了！
大明百姓

兵臨城下，是戰是和，嘉靖召集群臣討論。眾臣多認同議和，答應俺答的求貢要求，就在這時，趙貞吉說了一句話：

城下之盟，《春秋》恥之。
國子監司業　趙貞吉
現在是守護大明微笑的時候了

趙貞吉這麼一說，大家都不敢附和，唯有沈鍊站了出來，力挺趙貞吉。吏部尚書夏邦謨呵斥沈鍊「小吏居然妄言軍機之事」，被沈鍊反駁回去了。

你算什麼東西？
吏部尚書夏邦謨
你們這些東西不說，所以我來說，聽說過主辱臣死嗎？
沈鍊

「主辱臣死」四字讓群臣都不敢說議和了，「城下之盟」四字也讓嘉靖不敢談議和了，最後在禮部尚書徐階的調停之下，嘉靖決定先戰後和。一個月後，俺答退兵。

打起來，
打起來！
嘉靖
嘉靖聽了都想打人

你這是什麼意思？
沒什麼意思，意思意思。
你這就不夠意思了。
小意思，小意思。
宣大總督
楊順
身手矯健地一路小跑過來

庚戌之變結束了，但明世宗認為此乃奇恥大辱，下令加強北部邊防。當時，嚴嵩被皇上貴寵而當權，邊臣競相賄賂他。打了敗仗，那些官員更是瘋狂地賄賂嚴嵩，以求嚴嵩幫忙掩蓋失職之罪。

因為在錦衣衛，沈鍊很清楚嚴嵩受賄的情況。於是他上疏細數嚴嵩十條罪名，要求罷免嚴嵩以謝天下。

嚴嵩你這十條罪名
1. 收納將帥的賄賂
2. 接受諸王的饋贈
3. 收攬吏部之權
……
但願能送你上西天！
啪！
奏疏
沈鍊

城市套路深，沈鍊你回農村！
啪！

嘉靖看到沈鍊的奏摺後大怒，認為這是小吏妄論閣臣，將他拷打數十棍，貶謫到保安（今河北省張家口市涿鹿縣）去種田了。

啪！
嘉靖看了摔奏疏
啪！
這是傳說中的打馬賽克？
啪！
啪！
馬賽克

沈鍊到保安後，連住的地方都沒有。保安人聽說他是因為罵嚴嵩而獲罪後，非常佩服，不但給沈鍊房子住，還天天給他送柴送米。沈鍊便教他們的子弟讀書。

保安人一向忠厚直爽，又熟知嚴嵩的奸惡，所以大家爭著罵嚴嵩來討沈鍊的歡心。沈鍊大喜，天天和他們一起罵嚴嵩父子。

沈大人為何落到這種地步？
因為罵嚴嵩，被皇上貶到這裡了。
公道自在人心。
你說出了宇宙真理。讚！
保安百姓
沈鍊

兒子，我好像聽到有人在罵咱倆了。是我幻聽了嗎？
我好像也聽到了，我也幻聽了？
嚴世蕃
嚴嵩

沈鍊還紮了三個稻草人，分別代表李林甫、秦檜和嚴嵩，喝了酒，他就帶領保安的年輕子弟練習射箭。

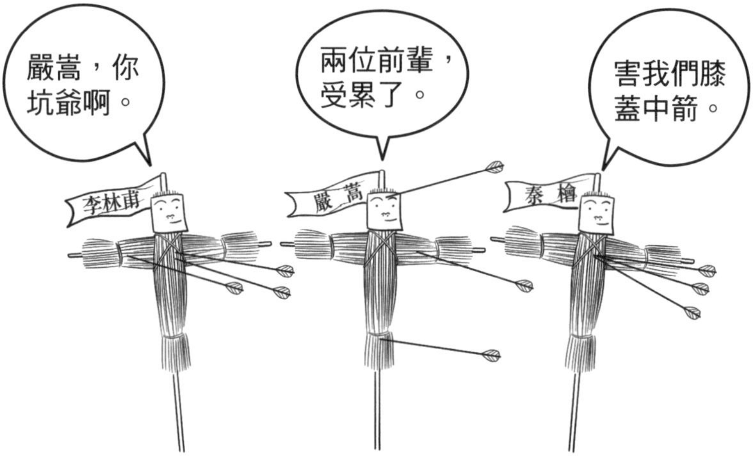
嚴嵩，你坑爺啊。
兩位前輩，受累了。
害我們膝蓋中箭。
李林甫
嚴嵩
秦檜

有時候，沈鍊會騎馬越過居庸關口，伸手指向南方罵嚴嵩一頓，再痛哭一場才回來。這些話逐漸傳到京師，嚴嵩於是更加痛恨沈鍊，並想著如何報復沈鍊。

嚴閣老，我聽說沈鍊這小子經常數落你，罵你老嗆蝦。
吏部尚書夏邦謨
嚴嵩
那就給他加點戲，讓他再活五集。

有一次俺答率軍來犯，破應州四十多堡。宣大總督楊順居然殺良冒功，掩蓋敗績。沈鍊聽說後，作文悼念無辜，言辭間更滿是對楊順的諷刺。

宣大總督 楊順
告訴你，我超凶的。我能橫掃一鎮老百姓。
哦，我好怕怕。
俺答

楊順大怒之後，要親信找到嚴嵩的兒子嚴世蕃，說沈鍊暗中訓練死士，擊劍習射，準備暗殺嚴嵩。嚴世蕃將這事交給巡按御史路楷，要他和楊順一起殺掉沈鍊，並承諾事後必有厚報。

為國鋤奸。
做掉沈鍊，事成之後你們懂的。
巡按御史 路楷
宣大總督 楊順

你的武功是誰教的？
狗官，
我為什麼要告訴你。
你不說我也知道，是前錦衣衛沈鍊教的。
白蓮教教徒
路楷
楊順

路楷和楊順兩人日夜謀圖如何解決沈鍊，正好蔚州（今河北省張家口市蔚縣）有白蓮教教徒起義，官軍捕獲了很多教徒，此事牽連許多人。

沈鍊，這次你死定了。
嚴世蕃

楊順誣衊白蓮教徒等人師事沈鍊，聽從沈鍊指揮，並把據以定罪的案卷上交，嚴嵩父子大喜。前總督許論當時正執掌兵部，竟同意了楊順和路楷的奏報*。

*許論任宣大總督時，曾殺害良民冒功，沈鍊聽說此事後，寫文章譏諷許論。此外，嚴嵩曾把持吏部和兵部，彼時，兵部尚書許論唯嚴嵩馬首是瞻。

嘉靖三十六年（1557），在楊順的重兵防範之下，沈鍊被斬於宣府街市，死前曰：

宋室忠臣死，
吾應是後身。
誰知今將相，
還是姓秦人。

沈鍊死後，嚴嵩給予楊順一子錦衣千戶之位，讓路楷等人待選五品卿寺。楊順覺得嚴嵩薄賞了他，認為嚴嵩是對沈鍊的處理結果還不滿意，於是又杖殺了沈鍊的次子和三子。

只能拿你們邀功了！
楊順

善惡終有報，天道好輪迴。後來楊順事發被下獄，嚴世蕃也被徐階設局，以勾結外番意圖謀反之罪被判處死刑。嚴世蕃臨刑之際，沈鍊所教的保安弟子，用錦帛寫上沈鍊的姓名、官爵，持舉入市，看嚴世蕃斷頭。

冤枉啊，我是被徐階給設計的。
嚴世蕃
錦衣衛沈鍊
嚴世蕃你也有今天，我師父沈鍊可以瞑目了。
沈鍊徒弟

沈鍊死後過了九年，一個和沈鍊一樣崇尚心學的海南人，抬著棺材，沿著沈鍊沒有走完的路，上「直言天下第一事疏」：

天下之人不直陛下久矣。
海瑞
嘉靖
來人啊，別讓海瑞給跑了。

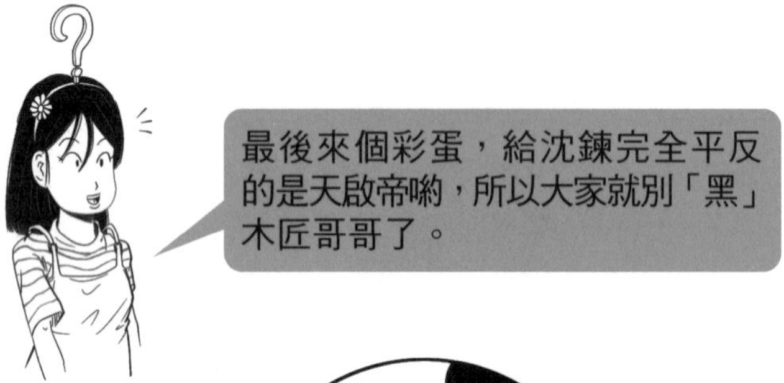
最後來個彩蛋，給沈鍊完全平反的是天啟帝喲，所以大家就別「黑」木匠哥哥了。

天啟

編後語

說起沈鍊，就繞不開錦衣衛。自從朱元璋創立了錦衣衛，有明一代，除了建文朝，歷朝皆有。在洪武初年，錦衣衛大概就一千多人，到了正德年間已經有好幾萬人了。

錦衣衛可以「恩蔭寄祿」，也就是安置官僚子弟的鐵飯碗，而且還「無常員」，所以即便錦衣衛下轄十七個千戶所（一個所的正常人員數量是一千一百二十人），到了明朝中後期，錦衣衛的人數也經常超額，嘉靖初年甚至一次革除了三萬餘名錦衣衛。

並非所有的錦衣衛都是「特務」，錦衣衛的機構中只有北鎮撫司才有偵緝權，其麾下的緹騎才算「特務」。北鎮撫司到底有多少「緹騎」，我們並沒有在史料中查到確切的資料。明朝王世貞的《錦衣志》中隱約提到，明憲宗成化年間，錦衣衛的緹騎約有三百人，大概占錦衣衛總人數的 5‰。

後世所說的錦衣衛，大多是指錦衣衛中的北鎮撫司。

吳晗的〈明代的錦衣衛和東西廠〉（《大公報・史地週刊》第 13 期 1934 年 12 月 14 日）是近代較早討論錦衣衛的文章，文章提出錦衣衛是明朝皇帝用來製造恐怖氣氛的組織。

隨後，呂思勉在 1939 年完稿的《中國通史》中也對錦衣衛的偵緝、刑訊職能做出了反面評價，認為「司法事務，最忌令軍政機關參預」。

1940 年代以後，史學界對錦衣衛的評價出現了一面倒的現象，都是將錦衣衛定位成作惡多端的特務機關，此後關於錦衣衛的研究也大多在這一「影射多於實證」的研究框架內。

早在吳晗之前，學者孟森在《明史講義》中則對錦衣衛有過另一種評價。孟森認為錦衣衛之制是效仿古司隸校尉、執金吾等官，「皆凌蔑貴顯有力之家，平民非其所屑措意」，所以應該將錦衣衛的偵緝行為和審訊行為（錦衣衛獄）分開來看，前者是皇權繞開官員來制衡官員的權力的舉措，這個沒有問題；後者以軍政代替司法，這個則是弊政。

相較於吳晗、呂思勉的評價，孟森的論斷較為公允。可惜，1940 年代以來，對錦衣衛的研究就深受影射史學的影響，實證研究並不多，諸如北鎮撫司的人員架構，北鎮撫司抓了哪些人、辦了哪些案子、冤案比率是多少，北鎮撫司除了偵緝權外還有哪些其他的職能等問題，較少有人研究。

錦衣衛就説到這裡了，我們回到沈鍊。

關於沈鍊的官方史料，即《明史》中的列傳，文字並不多，好在明代的筆記不少，沈鍊的大部分詩文也得以留傳後世。我們可以借此一窺沈鍊這一個七品官（錦衣衛經歷），為什麼會和嚴嵩這個一品大員（內閣首輔、太子太師）過不去。

沈鍊衛籍出身，又是越中人士，家庭和鄉土環境養成了他的剛烈性格，徐渭將他比成「禰衡」（沈鍊死後，徐渭編寫了雜劇《狂鼓吏漁陽三弄》），由此可知沈鍊狷介的一面。

除了客觀環境，王陽明對沈鍊應該也有很大的影響。明朝官學的教育內容主要是程朱理學，程朱理學本身是一門大學問，可惜很多士人只是用它來做敲門磚，學「程朱」講「程朱」，做人卻很不「程朱」。這是典型的知行分裂。

王陽明的人生實踐與心學理論，在一定程度上給堅持理想主義的士人指明了出路：判斷人生價值的標準，既不是朝廷的褒獎或貶斥，也不是先聖的經書與格言，更不是世俗的詆毀與讚譽，這個標準就在你自己的心中。這或許是沈鍊挑戰嚴嵩的深層原因。

從沈鍊的《青霞集》中可知，沈鍊工於詩、書、畫，劍法亦有一定的造詣。沈鍊的詩清疏雅正，有較純的詩學功底，《皇明詩選》引陳子龍語，稱讚沈鍊的詩說「青霞快男子，詩亦俊爽」；沈鍊的書法細筆疾行，空靈疏淡中帶有溫潤的君子氣息，羅振玉曾收藏過沈鍊的書法作品。

最後，我們說說電影《繡春刀 II：修羅戰場》。

《繡春刀 II：修羅戰場》延續了吳晗、呂思勉的框架，認為錦衣衛是個為朝廷刺探消息的特務組織，對錦衣衛進行了諷刺，比如電影中，女主角北齋以繪畫的方式譏諷朝廷任用宦人。

其實，單純因言獲罪的情況在明朝並不多，即便是在洪武朝，更多的是因為政治牽連（詳見陳學霖的〈徐一夔刑死辯誣兼論洪武文字獄案〉）。明朝言論最緊的時期，是張居正主政的十年，泰州王門的何心隱因講學被殺。然而，殺何心隱的不是錦衣衛，而是湖廣巡撫王之垣。

為什麼很多武俠電影喜歡以明朝為背景？ 1960 年代至 1970 年代，拍過《俠女》、《龍門客棧》的著名導演胡金銓先生說：「明成祖在位的時代，宦官控制著一個稱為『東廠』的祕密員警組織，以思想調查為名，壓迫知識分子，專橫跋扈，跟敵對派發生了激烈的鬥爭，結果成為了明朝滅亡的原因之一。」

顯然，胡金銓是有所指的。不過，這多少有些侮慢了歷史，輕薄了現實。

潘天城

親人離散，流落他鄉：
一個普通少年的尋親路

明末清初時期，在江蘇溧陽縣，有一戶潘姓人家。潘家的老爺子叫潘業儒，年輕時候曾護送過明末的「後七君子」之一的周順昌。

三十功名淹海國，
百年心事吊荒臺。
周順昌
你不知道世上還有不怕死的男子漢嗎？回去告訴魏忠賢，我是原吏部郎中周順昌！

那是天啟朝的事，周順昌因為得罪了權宦魏忠賢，被東廠從蘇州逮捕後押送進京。

潘業儒從江蘇境內開始隨行照顧周順昌，將周順昌一路護送到河北保定的白溝河一帶。有熟人來接力照顧後，他才返回故里。

送君千里，
終須一別。
潘兄高義，此生
恐難以為報。
潘業儒
周順昌
白溝河

古代從南走到北需要一筆不小的花銷。由此可知，潘家在溧陽當地還是略有薄產。

到了康熙年間，潘業儒已經去世了，他的兩個兒子繼承了家業。

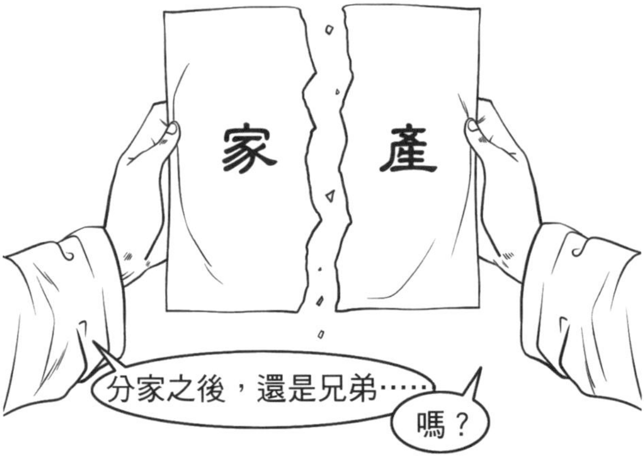
家
產
分家之後，還是兄弟……
嗎？

潘業儒的二兒子叫潘朴愿，雖然沒有考取功名，但娶妻生子，耕讀傳家，日子過得也算寧靜安樂。

人之初，性本善。
爹爹，不是三字經嗎？怎麼這麼多字？
呃……
潘朴愿

父慈子笑孝

有一次，潘朴愿收租回來，對家人說起老佃農的艱辛，不禁感慨不已。

潘朴愿的兒子潘天成此時年方六歲，宅心仁厚，聽了老佃農的事後，晚上輾轉反側，徹夜未眠。

我能怎麼辦，我也很睏啊！
潘天成

潘天成的幼年，在平安喜樂中度過，這一時期孝親、入學，與同時代的常人無異。

我去上學校，
天天不遲到……
潘天成

天有不測風雲，康熙三年（1664），潘家被當地的一個官宦之家陷害，捲入一起人命案中，這件事打破了潘天成十一年來的平靜生活。

為避仇怨，潘天成一家五口被迫搬到荊溪（在今江蘇省宜興市）。年少的潘天成十分憤怒，忍不住撂了幾句狠話。

哼！
這個世道還有
公道可言嗎？
趕緊報告大人。
潘天成
探子

兩年後，構陷潘家的官宦又把潘家從荊溪趕走。為了永除後患，官宦甚至派人將十三歲的潘天成騙到山中的深谷裡，準備將他殺了餵狼。

他還是個孩子啊！
殺手
狼
潘天成

幸好殺手還有幾分良知，不但將實情相告，還把潘天成給放了，讓他遠走高飛。

命是保住了，但潘天成也和家人失散了。

從深山裡走出來的潘天成——這個十三歲的少年，舉目不見親，又不敢回村裡，只能夜裡哭完了，白天接著哭。

走吧。
走？呵呵！害了我全家，還要殺人滅口？
殺手
潘天成
再不趕緊走，我就砍了你！
好吧！馬上走！

潘天成

心崩潰了

目前擺在潘天成面前的只有兩條路：一是等死，二是想方設法活下去。

據《清史稿・孝義二》記載，他選擇了第二條路——不但要活下去，還要找到失散的家人。

清史稿・孝義二
天成行後，幾為仇所斃。
既得免，乃行求父母。
欲知後事如何，請聽下回分解。

下回幹嘛？現在就講！
好吧，好吧。
或許是苦難讓人成長，在那一刻，他長大了；或許是從小讀書，古籍經典給了他內在的力量，《易經》曰：「天行健，君子以自強不息。」

在清代，絕大部分人生活在以村子為中心，半徑五公里的範圍內。

平時，大家的交通基本上靠行走，通信基本上靠吼，治安基本上靠狗。

喜歡的狗不出現，
出現的狗不喜歡。
???

漫無目的地尋親，無疑是大海撈針。潘天成做出了一個基本判斷：往北是老家溧陽，一直往東走將會是大海，親人避仇，離故鄉越遠越好。他決定往西進入安徽境內。

該上路了……
潘天成
大海
我現在所在的位置
溧陽

就這樣，潘天成一路尋訪。每到一個村子，他就搖著「鞀」（撥浪鼓）用溧陽話喊「算命」。

原來他覺得山長水遠，不知何時才能找到家人，自己又別無所長，十四歲時，他嘗試用《易經》來謀生。

算天算地，我算你命中注定。
天成算命
指點迷津
潘天成

開始尋親的那一年冬天，潘天成走到了池州青陽縣（今安徽省池州市青陽縣）白沙嶺，沒有地方歇腳，他便睡在一座破廟的梁上，避免虎狼進來把自己叼走。

睡著前，他想起這大半年的坎坷，念了幾句詩：

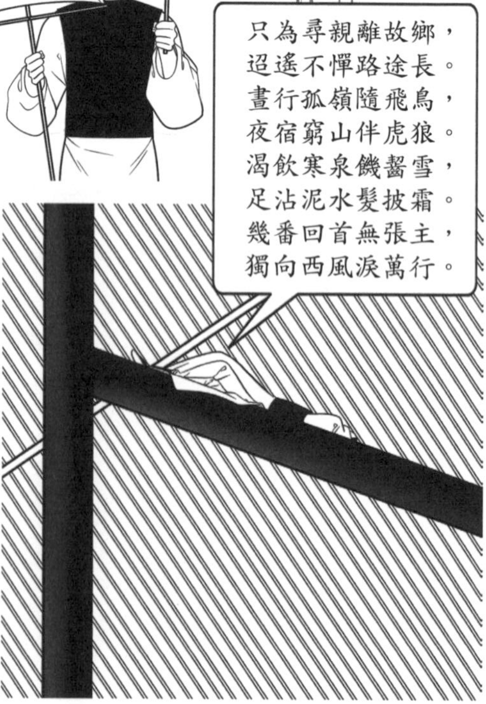
只為尋親離故鄉，
迢遙不憚路途長。
晝行孤嶺隨飛鳥，
夜宿窮山伴虎狼。
渴飲寒泉饑齧雪，
足沾泥水髮披霜。
幾番回首無張主，
獨向西風淚萬行。

皇天不負苦心人，在池州的一個村子裡，潘天成終於打聽到了父母弟妹的消息。老家溧陽的方言與池州方言有差別，所以在池州，父母弟妹的口音特徵還是非常明顯的。

我半個月前進山砍柴，山裡有一對夫婦，帶著兩個孩子，口音和你一樣。
感激不盡，好人必有好報！
潘天成
樵夫

這真是……人去樓空啊！
潘天成

可惜，等到潘天成尋訪過去時，親人已經搬走了。慈愛的母親，活潑可愛的弟弟和妹妹，熱騰騰可口的飯菜，能夠放鬆入睡的夜晚……這一切又成空了。

不過，他也不是沒有收穫。這表明家人一直在往西南逃，只要朝著西南方向走，就有希望找到。

尋訪到安徽宣城時，潘天成聽說宣城有個「神算子」梅文鼎，便去拜訪他。梅文鼎通天文曆算，懂解方程式、三角函數和對數。

天文的盡頭……
是數學。
梅文鼎
潘天成

史料沒有記載梅文鼎和潘天成談了什麼，但梅文鼎應該會感佩這個年輕人的心志。（二十年後，梅文鼎在安慶設帳開館，收了潘天成為受業弟子。）

你好，我叫天成。
好！好名字！
梅文鼎
潘天成

告別梅文鼎後，潘天成繼續尋找家人。

他有一種信念，家人一定在某個地方，望著他從遠方走來——模糊的身影逐漸清晰，輪廓、身軀、臉龐，還有那飽含熱淚但無比堅毅的雙眼……

不要氣餒，明天充滿希望！
第二天……
不要氣餒，明天充滿希望！

在接下來的漫漫尋親途中，潘天成幾乎走遍了安徽，行程以萬里計。秋風送稻浪，冬雪掩蒼茫，從十三歲走到十五歲，他完成了一個人的長征。

終於有一天，在安徽和江西交界的一個地方，潘天成像往常一樣，搖著撥浪鼓，喊著溧陽話，尋找著親人。

眾多圍觀的婦孺中，一張生出皺紋的美麗面容映入他的眼簾—— 哀傷又欣喜，疲倦又神采奕奕。潘天成頓時變成一座靜默的雕像。

老闆，來個枕頭饃，不要枕頭！
指天

潘天成的尋親日常

指天
點成
潘天成母親
潘天成

周邊的人聽說了潘天成的尋親之舉，不論白髮垂髫都前來探望，日以百計，無不為之泣下。

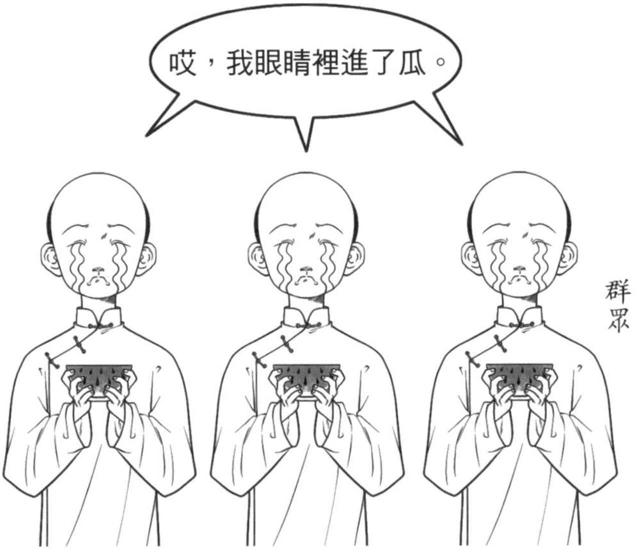
哎，我眼睛裡進了瓜。
群眾

掐指一算，
五行缺錢。
潘天成

相聚後的一家人，除了溫暖的相伴時光，並無其他。弟弟和妹妹年幼，父親和母親的身體也不好。

潘天成經過周密的計算，一家人返回故里，所需資財非「五十金」不可。

潘天成決定打短工賺錢，但收入只能養活家人。歲月不居，時節如流。轉眼三年過去了。昔日的青澀少年也快到了弱冠之年。

誰能想到，十八歲的我，三年前……
只有十五歲。

在潘天成看不到歸期的時候，有兩個富商無意中發現了他，並為他的經歷所感動，贈金五十餘。

至此，潘天成終於有能力帶父母回家鄉了。

一孤舟，二客商，三四五六水手，扯起七八葉風篷，下九江，還有十里。
十里遠，九里香，八七六五號輪，雖走四三年舊道，只二日，勝似一年。
潘天成
商人
好工整啊！年輕人如此有才，為何做這等行當？
你有酒嗎？我有故事。

潘天成讓弟弟與父親先起程，自己則帶著母親和妹妹慢慢走。時逢寒冬，途中若遇險阻或惡劣的天氣，他便背著母親，抱著幼妹行走，皮膚皸裂流血，染紅了白雪。

走走走走走啊走，
走到九月九……
妹妹，要不
你換首歌？

經過幾個月的跋涉，一家人終於回到了老家溧陽。

溧陽縣
枯藤老樹昏鴉，
終於回到老家。
妹妹，這些你都是從哪兒學來的？

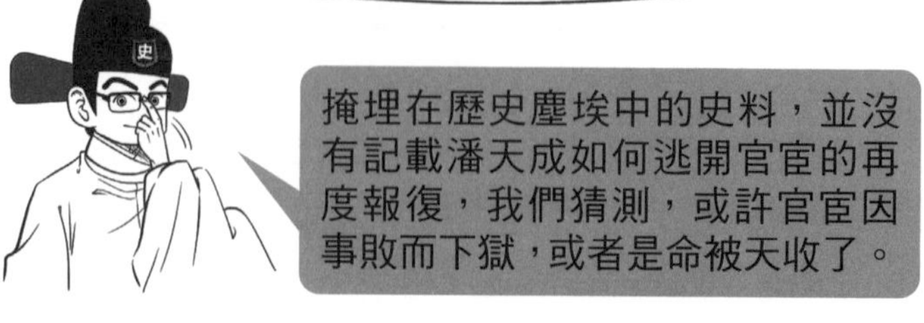
史
掩埋在歷史塵埃中的史料，並沒有記載潘天成如何逃開官宦的再度報復，我們猜測，或許官宦因事敗而下獄，或者是命被天收了。

歸鄉後，潘天成以販筆為業，奉養父母，撫育弟妹，還拜宜興的儒者湯之錡為師，苦學不輟。

潘天成的父母經大難後，身體一直不好。他盡心奉養，卻依然未能使父母身體有多少起色。在潘天成二十九歲左右，他的父母相繼去世。

聖人說，忠信篤敬，我賣筆硯養家，還忠信嗎？
奉養父母天經地義，只要誠信經營，是不影響忠信之行的。
儒者 湯之錡
潘天成
感謝老師解惑，我的筆硯品質很好，老師要不要買一套？

先父慈母

潘天成十分悲傷，他服喪六年，其間不食酒肉，常常徹夜不眠。他的老師聽說後，便教導他說——

父母去世必然傷心，但只要你還在，就等於延續了父母的血脈。
儒者 湯之錡
潘天成
真正的孝，在於承其志、立於世、顯其親。

潘天成受教後猛然醒悟，苦學立身，終成一時學人，留下《鐵廬集》。雖然其文章不足以驚天地，但他那種君子自強不息的精神，卻足以感動後世。

天成算命
指點迷津
天成
指點

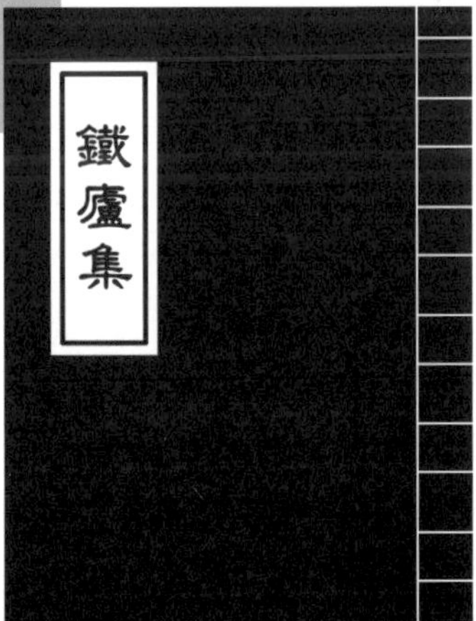
鐵廬集

編後語
史

潘天成尋親一事，《清史稿·孝義二》有記載，全文不到四百字，把事情的經過簡略記敘了一遍。《清史稿》的內容應該是取材於《溧陽縣誌》，相較而言，縣誌的內容更豐富一些。縣誌編修者所參考的著述，應當是潘天成的《鐵廬集》。

潘天成逝後遺有《鐵廬集》三卷、《鐵廬外集》二卷和《後錄》一卷，後被收入乾隆年間編纂的《四庫全書》中的「集部」（被收錄的版本為江蘇巡撫採進本）。在《鐵廬集》卷首，有潘天成的弟子許重炎為其寫的年譜。正是透過年譜，我們才能較為詳細地瞭解潘天成的一生。

潘天成，字錫疇，溧陽人，「出自寒門，終身貧賤」。他的詩文直抒胸臆，文辭平俗。那麼《四庫全書》為什麼還要收錄他的文集？《欽定四庫全書總目》中給出了理由：潘天成「天性真摯，人品高潔」，有點像古代那種獨行者。提要撰寫人進一步說明，此舉是為了讓天下人知道，教化的目的在於「敦倫紀，礪名節，正人心，厚風俗」。提要撰寫人可能還考慮到了會有些文化人不服，於是又補充了一句，不要和那些「文青」（操觚之士）去爭辯潘天成的文采優劣，也不要和那些「老學究」（講學之儒）去扯談潘天成文章水準的高低。

在中國古代，能夠進入官方視野的正面人物，立功、立德、立言三者至少要居其一。潘天成的一生並無寸功，撰寫的文章也是「不甚入格」；他的孝悌行為雖說有過人之處，但孝悌是出自人的本心，所以也談不上有什麼大德。

或許，《四庫全書》的編纂者考慮更多的是「礪名節」這一點。如何理解「礪名節」？以潘天成的家境和資質，他這一生很難有什麼作為，事實上他也是一生平平，而「名節」往往是大人物才會在意的。對更多人來說，更應該考慮的問題，或許是一個平凡人該如何安頓自己的一生？

潘天成選擇了做好手頭的每一件事情，三年如一日尋找親人，販筆奉養父母、撫育弟妹，閒暇之餘讀書明理。在明知自己不可能有大成就的情況下，不激不隨，憑著自己的本心去生活。這正是王陽明心學所主張的「人人皆可為堯舜」。讀完《鐵鱸集・年譜》後，官官猜測潘天成或許與王陽明有某種隱密的關聯，後來看《欽定四庫全書總目》，果然看到了這一點：「天成學問，源出姚江」。姚江指代王陽明，王陽明是浙江餘姚人，姚江學派的創始人。

潘天成這個小人物給後人的啟示，就在於此。用羅曼・羅蘭的話來說，世界上只有一種英雄主義，那就是看出世界的本來面目，並且去愛它。

曾靜

反清大罪的反轉：雍正放過了他，乾隆卻容不了他

囚

清雍正六年（1728）九月二十六日中午，川陝總督岳鍾琪在回府的路上，被人攔駕。

天吏元帥岳鍾琪
大人親啟
???
川陝總督 岳鍾琪
兵
兵

岳鍾琪聽對方把自己稱為「天吏元帥」，感到有些不對，立即令手下把送信的人看押起來，自己則趕回衙門把信拆開仔細閱讀。細細讀完，岳鍾琪不禁失色。信中主要說了三點——

1. 指斥當今皇上雍正帝犯有十大罪狀：

謀父、逼母、弒兄、屠弟、貪財、好殺、酗酒、淫色、懷疑誅忠、好諛任佞。

雍正
朕是這樣的漢子嗎？

2. 主張華夷之辨，認為清朝是「夷狄」建立的政權，不是華夏正統，天下百姓應該起兵反抗。

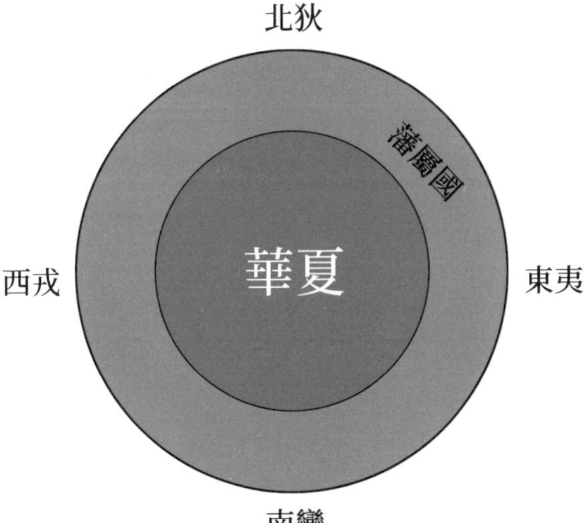
北狄
藩屬國
西戎
華夏
東夷
南蠻

3. 勸岳鍾琪造反。信中歷數雍正繼位以來南方發生的天災，百姓無以為生，表示反清的時機成熟了。

老爹，
我好餓！
等我幫你要

信落款「南海無主遊民夏靚遺徒張倬上書」。

「夏靚」和「張倬」這一對師徒，為什麼會找到封疆大吏岳鍾琪呢？那是因為岳鍾琪身為川陝總督，手握重兵，更重要的是，民間相傳岳鍾琪是抗金名將岳飛的後裔，清廷對他猜忌頗深。

火
鍋
岳公爺帶著川陝
兵丁造反了！
瘋

儘管岳鍾琪深得雍正信任，但自己被民間當作一面反清旗幟，本已是他的一塊心病，這封策反信更是令他頭痛不已。岳鍾琪決定親自審問「張倬」。在嚴刑拷打之下，「張倬」幾次昏死過去，但就是不肯說出實情。

夏靚在哪裡，你還有哪些同黨？快說！
別問，問就是我們的勢力遍布南方六省，只要我老師一聲令下，天下聞風而動。
張倬
不說就打死你。
用力，別停。

萬般無奈之下，岳鍾琪上書雍正，稟報事情的來龍去脈，並設法誘出幕後主使。於是，岳鍾琪在「張倬」面前做戲，甚至答應起兵反清。

同志，恭喜你通過了重重考驗！
岳公爺，小人終於等到了這一天。

「張倬」以為岳鍾琪為大義所動，便將事情的本末據實相告。原來送信人「張倬」的真名叫張熙，指使他的老師「夏靚」，名叫曾靜。曾靜是湖南永興縣人，一個以教書為業的鄉下生員（俗稱秀才），偶然讀到江南大儒呂留良的書後，悟到了「夷夏之大防」，便派張熙送信勸岳鍾琪起事。

此去川陝，水遠山長，你一定要小心。
先生放心，弟子一定會將密信送到岳公爺手中。
曾靜
張熙

套出張熙的祕密後，岳鍾琪立即將此案涉及的曾靜等十餘個人的資訊，以及呂留良家藏反書的情況密報給雍正。雍正褒獎岳鍾琪為「朕股肱心膂之大臣」，除此之外，他關注的重點是，誰在民間散播他「弒父誅兄」的謠言？！搞不好是他的八弟——「阿其那」（允禩）。

唉，成者為王，
敗者為寇。
允禩

於是雍正下旨，讓湖南巡撫想盡一切辦法追查謠言的源頭，同時讓他派人把曾靜押到京城，由雍正來親自「料理」。

依旨辦事！多的
咱也不敢問，咱
也不敢說。
卷宗
湖南巡撫 王國棟

曾靜到京城刑部大牢後，雍正下令不要對他動刑，要讓他吃好、喝好、睡好。曾靜以為自己必死無疑，這些不過是凌遲前的「最後的溫暖」。

砍頭不要緊，只要主義真。殺了曾夫子，還有後來人。
曾靜
囚

誰知道雍正並不著急殺曾靜，而是想先把兩件事搞清楚：一是誰在民間傳謠他有十大罪狀，二是曾靜謀逆的真正動機是什麼。

正大光明
朕就是要以德服人。
雍正

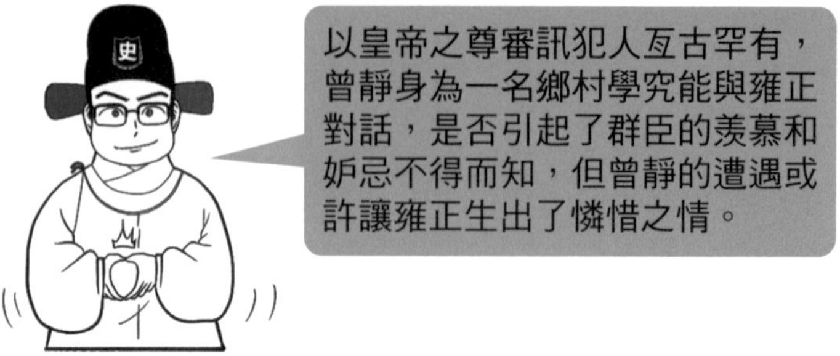
以皇帝之尊審訊犯人亙古罕有，曾靜身為一名鄉村學究能與雍正對話，是否引起了群臣的羨慕和妒忌不得而知，但曾靜的遭遇或許讓雍正生出了憐惜之情。

曾靜，康熙十八年（1679）生，湖南省永興縣石梘村人，村子附近住著不少苗人。曾靜幼年喪父，家中只有老母、妻子陳氏，以及幾個小孩。其妻兄因窮困，遷往四川謀生。

曾靜一家子

曾靜中過秀才，平時以教書為業，但雍正三年（1725）因歲考被列為五等，而被褫奪了生員的頭銜。

本來想期末考試後
能鹹魚翻身，哪知
道黏鍋了。
期末

封建井田之廢，勢也，
非理也；亂也，非治也。後
世君相，因循苟且，以養成
其私利之心，故不能復反
三代。
呂晚村先生四書講義

就在這一年的歲考時，曾靜買了一些呂留良的著作，對呂留良關於井田制的論述非常欽服。他因為生活困苦，對土田盡為富戶所占，導致分配不均的問題，非常不滿。

在讀書人的身分被剝奪後，曾靜無以謀生，不得已遷往四川（清代的湖廣填四川是一次大規模的移民活動）。在行至長沙時，他無意中看到了官府的告示，上面說有祥瑞之兆——「五星連珠」出現。

至此，曾靜對朝廷還沒有完全喪失希望。《史記·天官書》上說，「**五星分天之中，積於東方，中國利**」。曾靜由此認為天下有聖王出，清廷將會進行一系列改制，尤其是實行他夢寐以求的井田制。

五星連珠
曾靜

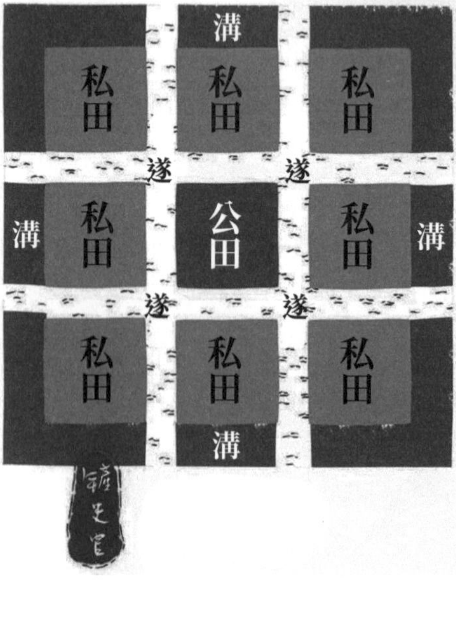
溝
私田
私田
私田
遂
遂
溝
私田
公田
私田
溝
遂
遂
私田
私田
私田
溝

既然井田制得以恢復，天下無處不樂土，自己又何須千里迢迢奔赴四川開闢新土？於是曾靜便返回了老家。但是接下來這一年，曾靜始終未見清廷有何動靜，而洞庭湖的水災又使他無以度日，加上時疫流行，他想「天心」大概要變了。

這日子是人過的嗎？要變天了。

所以到了雍正五年（1727），曾靜對五星連珠的天象有了新的解釋：天下必有聖王出，這個是無疑問的，但這個聖王不是雍正。在曾靜看來，雍正謀父、逼母、弒兄、屠弟，可以說是禽獸不如，連人都算不上，怎麼能說是聖？

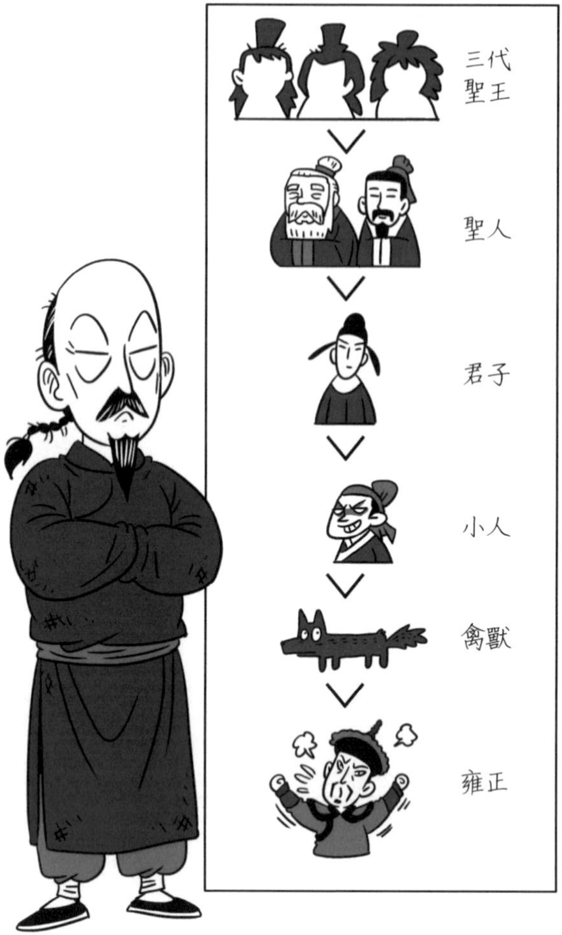
三代
聖王
聖人
君子
小人
禽獸
雍正

曾靜的嫂嫂曾經誇他有「宰相之量」，曾靜也覺得自己應該輔佐「聖王」，恢復井田制，讓天下耕者有其田。是以，就有了張熙給岳鍾琪上書的一幕。當然，曾靜拉岳鍾琪起事的理由換成了「夷夏之大防」。

雍正弄清楚曾靜的心路歷程後，或許會有所思考——曾靜未曾受到他同鄉先賢王夫之的影響，而是受到遠在千里之外的浙江的呂留良的鼓動，可見江南在政治上和地理上的文化輻射力。在當時，江南文化具有居高臨下的優越感。

岳公爺，我們共舉義旗，恢復漢家江山。
我覺得你在坑我！

在江南士人的眼裡，朕是北狄，曾靜是南蠻。

天子和反賊在這一刻居然是平等的。雍正決定和曾靜展開一場「辯論」。於是他寫了三十七道問題，由刑部侍郎代為提問，讓曾靜作答。

曾靜，聖上有旨，答題的時間到了。
要命，到牢裡都躲不掉考試⋯⋯
刑部侍郎　杭奕祿

這三十七道問題主要可以分為七類：

❶ 關於清廷的合法性

逆天者亡，順天者昌。我大清創業於東北，幾代人承襲帝位，保護天下的安定，得到了上天的厚愛和百姓尊重，已經有一百多年了。
為什麼要顛覆大明？
這是流寇李自成幹的，大清只是為莊烈帝復仇啊。
李自成是誰？
真是沒文化的南蠻……

❷ 關於華夷之辨

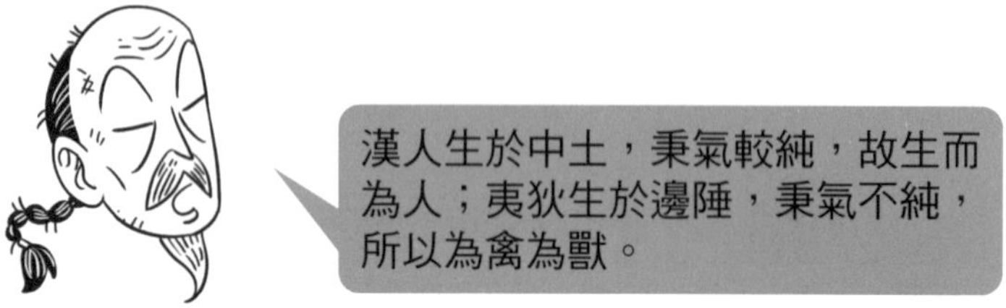
漢人生於中土，秉氣較純，故生而為人；夷狄生於邊陲，秉氣不純，所以為禽為獸。

「地域黑」不可取。舜是東夷人，周文王是西夷人，這證明夷人有德也可以成為聖君。

❸ 關於誰當皇帝

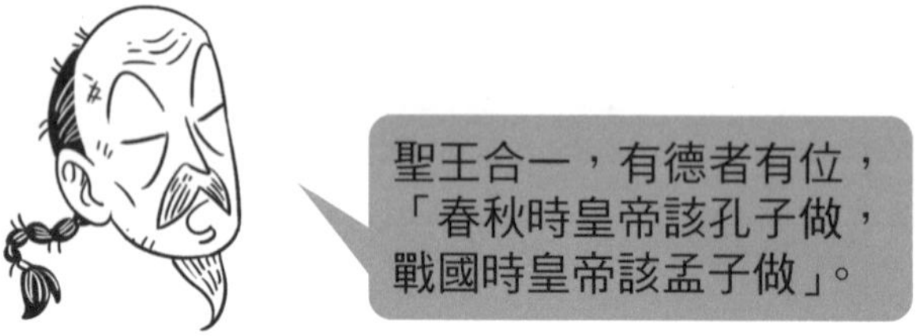
聖王合一，有德者有位，「春秋時皇帝該孔子做，戰國時皇帝該孟子做」。

去年（雍正六年）十一月廿六日，慶雲出現在曲阜孔廟的大成殿。

孔子之心即天心，現在聖心與孔子之心合一，就是與天心合一，所以祥瑞現於曲阜。

恭喜你，都會搶答了！

❹ 關於科舉之弊

科舉考試和八股文的壞處，比王陽明的心學還要過分！心學只是害道，科舉毀盡天下人的廉恥。

我同意這一點，但目前沒有比科舉更好的選拔人才的辦法了。

❺ 關於貧富不均

貧富不均應該歸罪於本朝的失敗。

貧富不均本屬天然，難道這是我登基後才有的現象？

為什麼不恢復井田制？

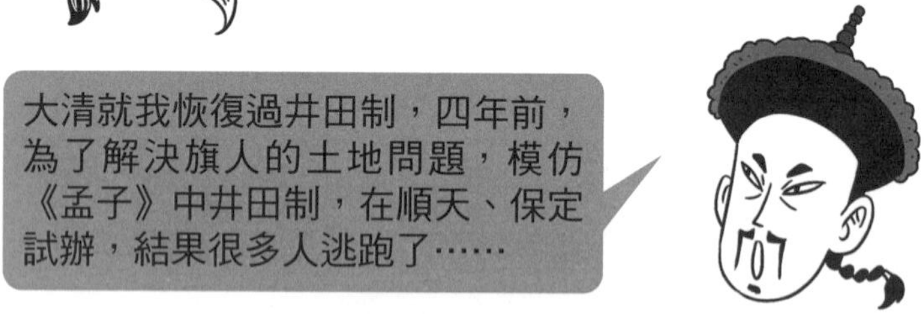
大清就我恢復過井田制，四年前，為了解決旗人的土地問題，模仿《孟子》中井田制，在順天、保定試辦，結果很多人逃跑了……

❻ 關於封建與郡縣

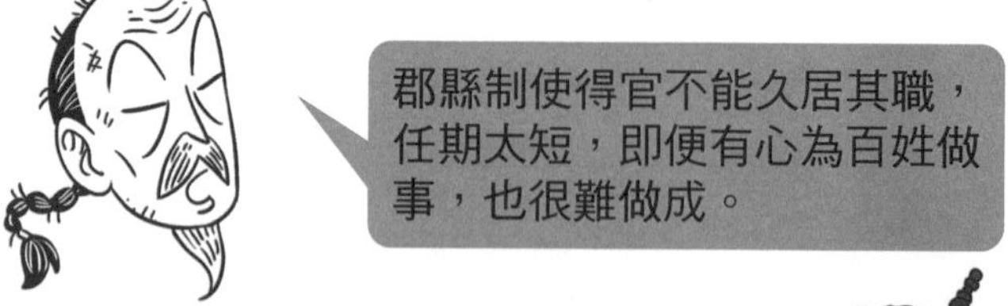
郡縣制使得官不能久居其職，任期太短，即便有心為百姓做事，也很難做成。

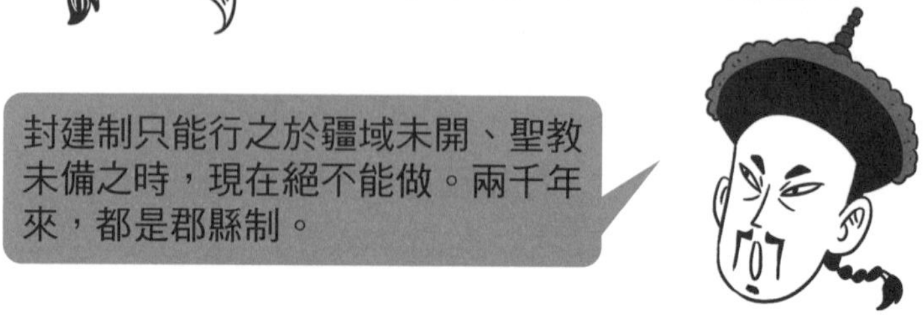
封建制只能行之於疆域未開、聖教未備之時，現在絕不能做。兩千年來，都是郡縣制。

❼ 關於曾靜對雍正的控訴以及繼位之謠言

這是雍正最關心和在意的，尤其是關於繼位的謠言。經過湖南巡撫徹查，這些謠言是八阿哥黨人放出去的。

經查，汙衊聖上之言是阿其那黨人放出來的。
湖南巡撫　趙弘恩

康熙原傳十四阿哥胤禵天下，皇上你將十字改成于字。
當時我是當著這麼多兄弟的面打開遺詔的。
那你媽為什麼要撞柱子自殺？
……

不管怎麼樣，雍正還是將曾靜給辯服了。最後，雍正將曾靜與張熙，以及呂留良的後代與學生分別進行處理。對犯謀逆罪的曾靜和張熙，雍正採取完全寬恕的態度，並讓他們到各地去做宣講。

萬萬沒想到。

而對間接相關的呂氏一門，雍正判其戮屍梟首、斬首和發往寧古塔為奴。但呂留良的文集沒有被銷毀，因為雍正認為要將其作為反面教材，並組織翰林院的學士大加批判。

我招誰惹誰了？這黑鍋哪兒來的？
呂留良之子
呂毅中

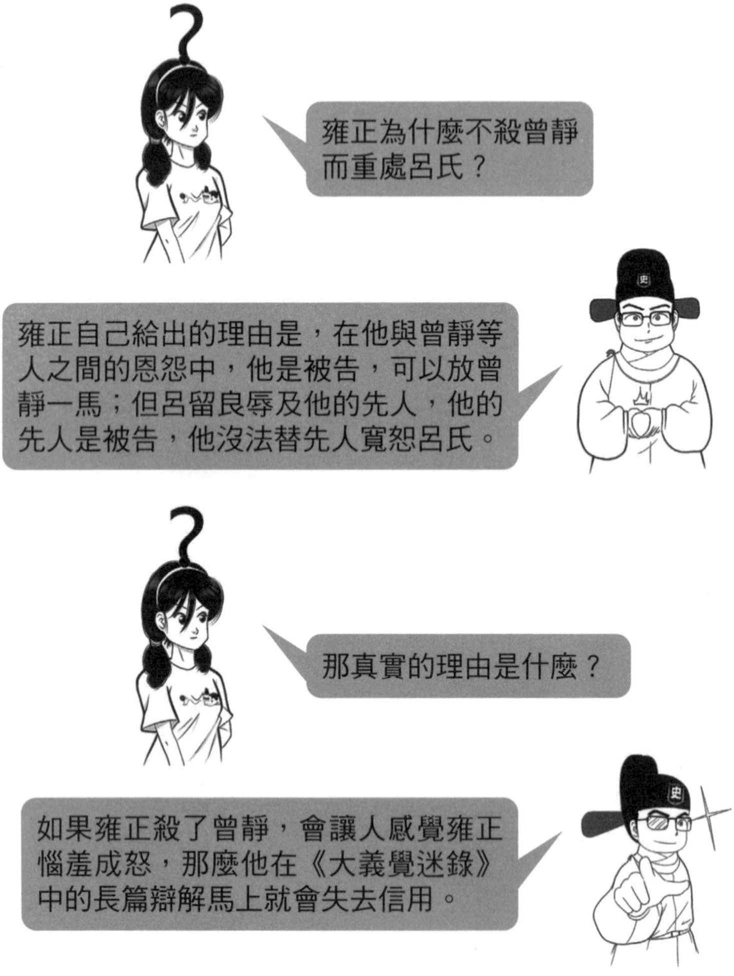
雍正為什麼不殺曾靜而重處呂氏？
雍正自己給出的理由是，在他與曾靜等人之間的恩怨中，他是被告，可以放曾靜一馬；但呂留良辱及他的先人，他的先人是被告，他沒法替先人寬恕呂氏。
那真實的理由是什麼？
如果雍正殺了曾靜，會讓人感覺雍正惱羞成怒，那麼他在《大義覺迷錄》中的長篇辯解馬上就會失去信用。

最後，雍正將他和曾靜辯論的內容編成一本書，叫《大義覺迷錄》，頒發全國各府州縣，並要求每個學校都要有，全國學生每逢初一、十五都要學習，不學的人從重治罪。

正大光明
我就是喜歡以德服人。

《大義覺迷錄》一公布，不明真相的群眾奉旨看戲，皇帝居然與一名鄉村秀才大談宮闈祕事，結果有些事情越傳越玄，比如九子奪嫡，雍正逼死親媽……

不過，正如雍正朝的名臣田文鏡所說，宣讀聖諭之事，一開始雷厲風行，可是日子一久，大家便懈怠下來。《大義覺迷錄》的遭遇可能也不外乎如此，看的人越來越少，大家只對宮闈祕事感興趣。

越是強迫百姓讀的東西，百姓就越不讀。
田文鏡

五、六年後，雍正遽逝，二十四歲的乾隆繼位，他認為「萬言萬當，不如一默」，於是下令將曾靜等人處死，甚至連《大義覺迷錄》都禁了！

《四庫全書》開始編纂後，乾隆又下令將呂留良的全部著作禁毀。

正大光明
搞點文字獄算啥，朕發起狠連老爹的書都禁。
禁

編後語
史

雍正於十三年（1735）駕崩，二十四歲的乾隆繼位。乾隆繼位後，推翻了雍正的許多處置結果，其中一個便是曾靜案。

雍正生前說，曾靜案永不翻案，子孫不能因這個案子追究曾靜和張熙的罪責。但雍正死後不到三個月，乾隆就把這個案子給推翻了，而且推翻得非常徹底：雍正把曾靜等人放了，乾隆把他們抓起來殺了；雍正不禁呂留良的著作，以免後世之人因為好奇而找不到呂留良的書看，乾隆就將呂留良的書全部禁毀；雍正把為呂留良辯冤的人給關起來，乾隆就把這些人給放了；雍正把他和曾靜的辯論之語編成《大義覺迷錄》，全國學校每逢初一、十五都要學習，乾隆就把他老爹的《大義覺迷錄》給禁了，誰看就抓誰……

乾隆為什麼要和雍正對著幹？原因可能有以下幾點：

一是《大義覺迷錄》中「記錄」了很多謠言。如康熙原想傳位於十四阿哥，雍正將「十」字改成「于」字；如雍正他媽看到雍正把親弟弟十四阿哥抓起來了，氣得撞柱而死；如雍正親口說康熙為人很吝嗇；又如雍正親口說南明永曆皇帝被抓後，滿漢官兵見了他都很敬仰……

二是雍正宣稱「夷狄之名，本朝所不諱」。在雍正看來，因為明朝無德，所以「我外夷」繼承天命，統治中夏。《大義覺迷錄》中出現了無數次「雖然我滿人是『外夷』，但因為我們有德，所以為天命所歸」的話。而乾隆後來連宋明文獻中的「夷狄」字樣都要刪除，自是無法容忍人們每月兩次宣讀「我外夷」。

三是乾隆對「忠」的觀念有了新的看法。從順治定鼎中原到乾隆即位，已經過了九十多年了，民間基本上已不再有明顯的反清勢力了。乾隆覺得應著力培養臣民忠於清廷的意識，為此，他加大力度宣傳儒家的忠孝觀念。他令人編撰《貳臣傳》和《欽定勝朝殉節諸臣錄》，把明清易代之際幫助清朝得天下的那些明朝降臣，如洪承疇、錢謙益等人稱為「貳臣」，把史可法等為明朝殉節之人褒揚為「完人」。

四是清朝入主中原後，統治者有一個由「質」向「文」的轉變過程。雍正的身上「質」的東西多一些，比較耿直；乾隆的身上「文」的東西多一些，比較喜歡飾非。雍正一朝的文字獄不多，而且大多是為了排除異己，而乾隆一朝有記載的文字獄就有百餘起，並涉及各個社會階層。

巨成

「叫魂」風波：
要飯和尚怎樣變身朝廷要犯

有的人嘴饞了，可以叫外賣；有的人餓了，卻只能要飯。巨成和尚就屬於後者。乾隆三十三年（1768）二月的一個傍晚，在肚皮的命令下，他不得不和老師兄一起，於浙江蕭山縣（今浙江省杭州市蕭山區）的村子裡，繼續展開單純又枯燥的要飯工作。

鏟史的，文雅點好不？貧僧這叫化緣。
巨成
淨心

此時的大清，正值盛世，但對巨成而言，這沒什麼意義：在他過去四十八年的人生裡，悲傷是主旋律。

七年前，最後一位親人辭世後，巨成便遁入空門，過起了經常要飯的生活。這既能緩解精神傷痛，在宗教屬性加持下，又提高了要飯成功率。

無須朝九晚五，打
賞就能修福報！
等級 1　普通乞丐
等級 3　高級乞丐

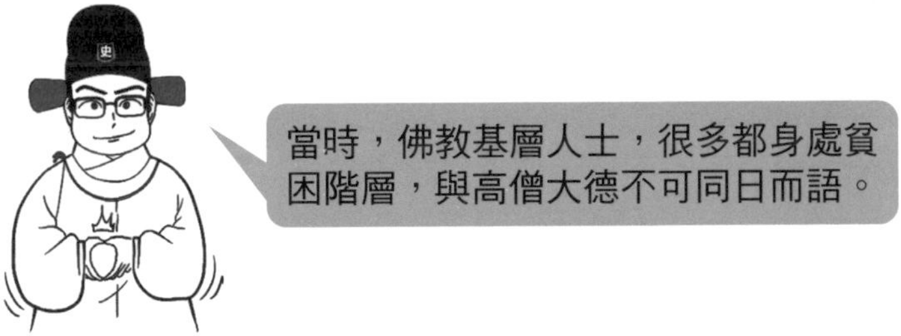
當時，佛教基層人士，很多都身處貧
困階層，與高僧大德不可同日而語。

那天，二人正捧著器皿走街串巷時，遇到了兩個小男孩，其中一個大聲讀出了巨成手中銅缽上的文字。這是個搭訕的機會，晚飯就要有著落了！巨成馬上展開語言攻勢：

小官人你識字呀！敢問尊姓大名？將來考中狀元，別忘了貧僧呀！
討厭，又提學習，真煩。

搭訕失敗，男孩們無動於衷，兩個和尚只好繼續上路。但走了沒幾步，孩子們的父母，乃至村裡鄉親，都激動地追了上來。然而，他們送來的並不是大米飯，而是一頓打。

燒死他們！
打死他們！
要個飯，多
大的仇？!

這是怎麼了？原來，當地傳聞一種「叫魂」妖術正在蔓延：精通妖術的歹徒先打探他人姓名，再割取其衣物，或剪斷其髮辮，以此攝取人的魂魄。

大概就是這樣——銀角大王！
嘿，看我「哢嚓」你！
是我，啊——！
史
這一傳聞，發端於距蕭山區約六十公里的德清縣。最初版本是石匠會將寫有活人姓名的紙片貼在木樁上，以攝取人的魂魄來為打樁助力。此時，已經發酵成「剪辮子攝魂」了。

今人看來荒誕的說法，卻合乎大清百姓的認知。而倒楣的巨成，又正撞在槍口上：群眾眼中，僧人自帶神祕屬性，他又偏偏問了孩子的姓名，師兄又一口無錫腔——在農村，外地流浪者往往是可疑的。一切都讓人懷疑二僧是叫魂者。

鄉毋寧
（鄉下人）！
江蘇無錫人

巨成和師兄被捆成粽子後，又慘遭一頓暴揍。村民們雖沒能搜出罪證，「主持正義」的熱情卻絲毫不減，他們開始商量把和尚們燒死還是淹死。萬幸，一位淡定的保正挺身而出，平息了眾怒，並理性地決定：把二僧交給官府。

衝動是魔鬼！
你大爺畢竟是你大爺。
保正

在縣衙門裡，二僧意外地遇到了另外兩位師弟——在巨成和師兄出發要飯時，他們則前往縣關帝廟落腳。更巧的是，師弟們的遭遇，與他二人竟如出一轍：一口外地口音，引發當地人的舉報，縣衙捕快蔡瑞旋即前來盤查。在師弟們攜帶的行李中，蔡捕快搜出三把剪刀和一根束髮繩，這些物品的主人正是巨成。

和尚帶剪刀幹嘛？
怎麼不帶洗髮水呢？
叫魂的！
燒死他！
蔡瑞
這是我師兄
的行李！

村民的「指證」與「物證」兩相印證，巨成嫌疑重大，他戴著鐐銬，跪在大堂上。縣令公開了他的「作案工具」，並質問他剪過多少人的辮子，巨成堅決否認：

這三把剪刀是我兒子的遺物，他是個皮匠，束髮繩是我出家前用的……

但是，物證面前，有一個問題讓巨成無法解釋：行李裡，赫然出現了第四把剪刀，以及兩段被剪掉的辮子！

在大清的縣衙，沒有什麼問題是一頓打不能解決的，如果不行，那就兩頓。巨成和師兄被上了夾棍，兩位師弟也好不到哪兒去。總之，三天後，他們或多或少地招認了「罪行」。

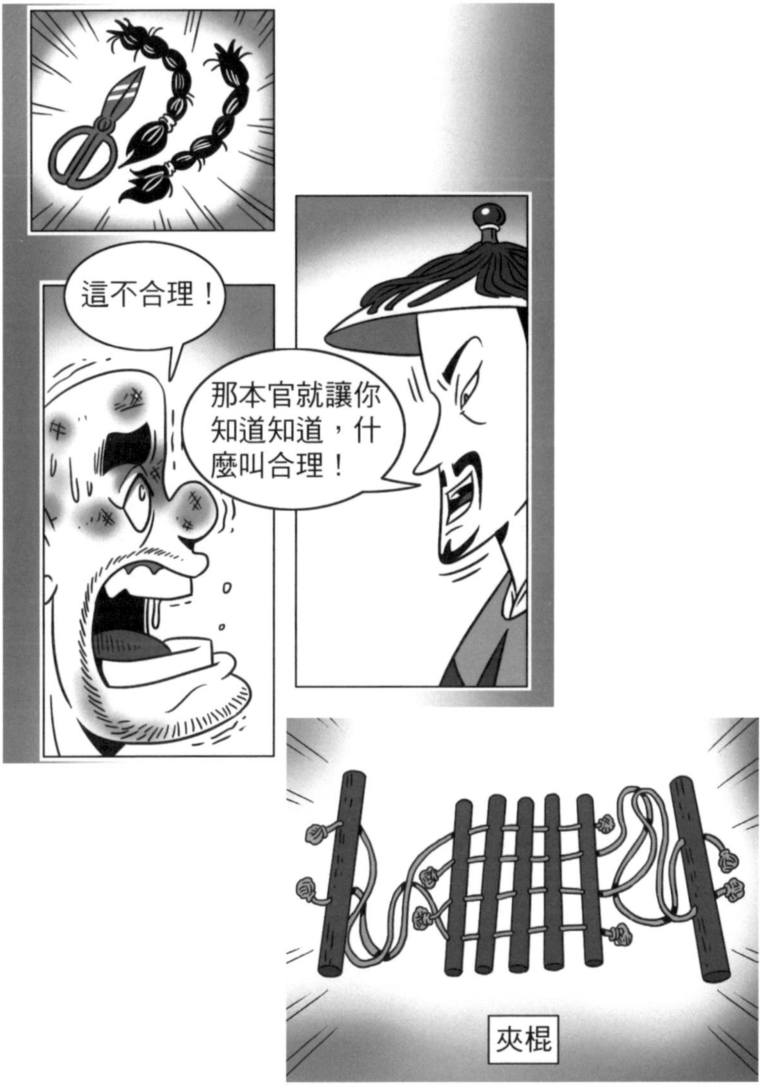
這不合理！
那本官就讓你知道知道，什麼叫合理！
夾棍

僧人們隨即被移交給上級官署：紹興知府衙門。鑑於巨成已經骨折，知府仁慈地決定不再對他使用夾棍，改用木條抽大嘴巴子。又一輪毆打下來，和尚們的口供越發互相矛盾了。

對，我們坐著戰鬥機用剪刀剪的！
胡說，明明是坐著飛碟用光劍砍的！

於是，這樁讓官員頭疼的案件，又被上傳到省級單位——浙江巡撫衙門。浙江省按察使曾曰理接手審理此案。畢竟是大清省級幹部，曾曰理有點智商，找到了案件切入點，巨成終於得以洗脫嫌疑。

你問過孩子的姓名，為何到省裡要隱瞞這個情節？
在縣裡初審的時候說過，然後就挨夾棍了……

按察使　曾曰理

看來還是省級幹部可靠一些。
這背後有一些官場規則。縣官在日常工作中，對捕快有所依賴，難免偏袒。省級幹部則不存在這個問題。

兩位師弟的浴血堅持，也為四人爭取了機會：早在蕭山縣衙，他們就堅稱，自己曾遭到捕快蔡瑞的勒索。但每次陳情，換來的都是懲罰。現在，終於有人願意聽他們說話了。

來人，傳蕭山縣衙捕快蔡瑞！

經過一天的審訊，蔡瑞招架不住，吐露實情：

押送巨成的兩位師弟的過程中，蔡瑞曾把他們帶到家裡，以釋放為誘餌私自索賄，其間還毆打了其中一人。

一貧如洗的和尚們自信無罪，反要向官府揭發他。驚懼之下，蔡瑞倒打一耙，他找出一綹舊頭髮編成辮子，連同剪刀塞進了巨成的行李中。

小子，不怕治不了你！
沒有證據，爺給你造！

真相大白後，蔡捕快挨了一頓板子，帶枷示眾。而四名僧人每人獲得了官府三千二百錢的賠償——大概可以購買兩石的米。對受刑最多、被打斷腿的巨成而言，這或許不太公平，但總歸是個好結局。

但故事還沒有結束。想必巨成知道，謠言還將繼續流傳。但他猜不到是，這些謠言會席捲大半個大清，並引起一位大人物的注意，最終震盪整個官場。

蔡瑞

就在僧人們受審的時候，「叫魂傳說」沿著京杭大運河迅速擴散：三月，謠言傳入江蘇；不久，又傳到山東，並進一步北上西進，六月下旬，已傳入京城、直隸，後來又傳入山西。

謠言所到之處，大清官民的眾生相各不相同。廣大基層群眾中，恐慌情緒蔓延，一些「應對措施」也應運而生：在北京，流行起貼紙符防身；在江南，有人傳誦「護身咒語」，其主要內容是咒罵和尚和石匠的歌謠；在山東，有人將大蒜、秸稈等混入水中洗頭。

趕上一波藍海，發了！
欸，俺山東人這是要換口味了。

最糟糕的是，其他地方也發生了一些類似巨成案的悲劇：在蘇州，三名乞丐被控剪辮，入獄後，一人因牢房環境惡劣而病故；在漢陽府（在今湖北），群眾抓住一個「妖人」，將其當街打死。

可惜呀，漢陽府沒有咱這樣的大爺。
你大爺還是你大爺！

大清官員們則反應淡漠。作為知識階層，他們大多知曉「子不語怪、力、亂、神」，並不相信這種荒誕傳聞，自然也就不太當一回事。

更何況，這類案件本身就有些棘手：按《大清律例》，妖言惑眾者「斬」，而多數死刑判決要上報皇帝。

大清律例：
凡造讖緯妖書、
妖言及傳用惑眾
者，皆斬。

上奏轄區內有謠傳，在皇上面前丟人；而調查口傳謠言，又很困難，還有加劇社會恐慌的風險。

因此，對官僚們而言，與其為了一則荒唐的謠言給仕途增添變數，不如大事化小，小事化無：在奏摺上塑造一個平安無事的大清。

就這樣，謠言傳遍大江南北，卻沒有哪個官員上奏。

謠言是杭州來的？那關咱們蘇州什麼事。叫你多事！
報告——啊——

江蘇代理巡撫　高晉

不過，這次官員們失算了：乾隆帝坐龍椅三十三年，屁股都長繭了，他早就身經百戰，見得多了。透過御用情報系統，包括巨成案在內的江南「叫魂」案件，早就傳入了他的耳朵。

聞浙江一帶有傳
言起建橋座，因
而偷割髮辮、衣
襟等物……其言
甚為荒誕……但
此等造作訛言最
易煽惑民聽……
乾隆
朕很生氣！

起初，乾隆爺更關注的是妖術問題，他擔心妖術及大張旗鼓地調查妖術的行為，會引起人們的恐慌。然而，隨著事件的發展，他開始懷疑有人想要造反。

今天，換個髮型不是什麼大問題，但在大清，則可能是嚴肅的政治問題。百年前清軍入關，一紙「剃髮令」，曾激起江南各地人民激烈的抵抗；而如今，這源於江南的妖術與「剪辮子」掛鉤，無疑觸動了大清皇帝的神經。

清
明
有人謀反！
大清要亡？!

乾隆三十三年六月十五日，乾隆帝頒布上諭，責令江浙、山東嚴查「叫魂」。

總有一些官員，具有精準揣度領導意圖的天賦，嗅覺敏銳的山東巡撫，將一份早已準備好的調查報告呈上去。根據口供，這位巡撫推斷：

根據臣的嚴刑拷打、縝密調查，這些妖人來自一個大組織，總頭目藏在浙江、安徽一帶！
山東巡撫　富尼漢
嗯！背後不是「奸狡僧徒」，就是「失意文人」，查！狠狠地查！

轟轟烈烈的調查席捲全國，隨後直隸、北京，甚至蒙古都上報了剪辮案件。相比之下，案件首發地浙江的官員們則顯得遲鈍。

早些時候，慘遭痛罵的浙江巡撫，將涉案檔送到了御前，其中包括巨成一案。結果，包括曾按察使，全浙官員都遭到警告處分。顯然，陛下對判決不滿。

蕭山的案子真是誣告嗎？這麼斷案，衙役還怎麼敢抓人？
乾隆

聖怒一句頂一萬句，巨成和他的夥伴們，以及捕快蔡瑞，馬上被打包送往皇帝的度假地點——熱河行宮。

浙江巡撫
永德

天哪，我要個飯，怎麼就上天了？

其他一些曾被抓捕過的叫魂犯，也都在這裡集合，接受一干軍機大臣的審理。

不過，這一次，巨成不用再擔心慘遭毒打了。因為軍機大臣們發現，這樁案子裡，濫用刑罰的弊端太明顯了。

皇上啊，這嚴刑逼供的情況很嚴重啊……
來，給朕好好講講。
劉統勳

譬如安徽的衙門曾根據一個山東犯人的證詞，逮捕了一名會「叫魂」妖術的人。然而，兩人當庭對質時，卻破綻百出。

原來，山東犯人本來就是被誣告的。衙役對他用刑，他實在受不了，就瞎編出一個人招供。按照他的「供詞」，安徽官府抓了個姓名差不多的。

說，你爹是不是叫張四儒？
不是啊，他叫張四。
你爹要是不叫張四儒，就給你上夾棍！
安徽宿州

幾番審理下來，軍機大臣們發現，所謂「叫魂」犯，絕大多數都是屈打成招，「謀反」更是子虛烏有。

在劉統勳勸說下，乾隆帝終於下旨，停止對叫魂案的清剿。當然，諭旨中，聖明的陛下是不會認錯的。

亂黨一定存在，雖然沒有抓到，但各省還是要保持警惕！

難道說，全國的剪辮案，都是官員們亂抓人嗎？
史
定力100%
倒也不都是。謠言恐慌之下，民間利用剪辮互相恐嚇、誣告者，大有人在。有的「叫魂案」甚至最後被查明是通姦案。

大清的官場倒是發生了大變動。兩江總督等一批封疆大吏，因在調查「叫魂」一案時怠忽職守，遭到處罰，一批州縣官員甚至丟了官。曾曰理則幸運地保住了職位。對「用力過猛」的山東巡撫，乾隆將其貶為山西布政使。

幹點工作容易嗎我？
富尼漢

對巨成一行人的判決，也隨之落定塵埃。軍機大臣們維持原判，四名僧人無罪釋放，被送回浙江，從此消失在歷史的記載之中。

再次過上了自由自在的日子。
我怎麼有種去西天取經的感覺。

對於誣告者捕快蔡瑞，軍機大臣們覺得，對這種無端生事、誣告良人之徒，原本的判決過於輕縱，因此判處其絞監候。

蔡瑞

編後語
史

一旦你的姓名被人獲知、頭髮被人剪掉，你就將疾病纏身。不久之後，你的肉體會在痛苦中死去，而靈魂則淪為他人的奴僕，任人操控。在今人看來，這是神怪小說裡的情節，而十八世紀的人們，卻對此信以為真，陷入惶恐之中；口耳相傳間，恐懼席捲了大江南北。

對那個年代的人們而言，生活中充斥著未知與神祕。不只十八世紀的中國如此，即便在當時的西方，工業革命的轟鳴聲，也未能蕩滌十五世紀以來「獵巫運動」的陰霾：在歐洲或北美，憑鄰居們的證詞，認定一位女性實施「巫術」，並將她處以火刑，不是什麼新鮮事。

有人會嘲笑古人的認知水準。但今天的我們，又能好到哪兒去呢？一則「5G 信號會傳播新冠病毒」的說辭，讓英國人民點燃了行動通信基地臺；東日本大地震後，「碘鹽可以預防核輻射」的說法讓多地超市中難覓一袋食鹽；源於歐美的「疫苗害人論」，不知使多少人失去了預防疾病的機會；對「基因改造食品」安全性的不同看法，至今仍是引起爭論的導火線。

謠言面前，人類醜態百出，輕則貽笑大方，重則失去生命。但千百年來，人們又對此無可奈何。

謠言的威力，到底從何而來？一個傳播學公式可以解釋：流言流通量＝問題的重要性×證據的曖昧性（即 R=I·A），翻譯過來，就是謠言的模糊性越強、越關乎人的利益，傳播得越廣。

「叫魂」正是一個絕佳的例證，其傳播範圍不僅突破了地域限制，還突破了階層壁壘。對百姓而言，「妖術」危及人身安全；對皇帝來說，儘管謠言內容荒誕，卻可能危及帝國的統治。

對同一個謠言的不同臆想，促使民間和官方採取了不同的舉措：用大蒜洗頭和進行針對謠言的圍剿。而朝廷的行動一旦展開，不僅無法消除大眾的恐慌，反而會強化民間的某種確信。

謠言無解之處就在於此。認知水準的差異、社會地位間的隔閡，總會加劇彼此的不信任。因此面對同一事件，人們也就會產生不同的解讀。

以「5G 傳播新冠病毒」為例，謠言的始作俑者，是美國醫師湯瑪斯·考恩（Thomas Cowan）。他聲稱，無線電波會降低人體免疫力，而 5G 正是一種無線電波，因此，5G 基地臺附近的人免疫力就會低下，進而更容易受到新冠病毒的侵害。一套讓外行人「雖然不明白，但是覺得很厲害」的解釋，加之其曾任「美國人智醫學醫師協會副會長」，也難怪會有人上當。而其他醫學家站出來闢謠時，究竟相信哪位醫師的話，又會成為口水戰的新話題。

戰勝謠言的唯一途徑，就是求知了。但在這個資訊膨脹的時代，知識的疆界更接近於無限，不可能有人窮盡所有的真理。在個體認知的盲區，總會有資訊的迷霧張網而待，等候著無辜的迷途者踏入陷阱。當不確定的資訊，匯聚成輿論的激流時，又總會出現犧牲品：如同可憐的巨成和尚一樣，要個飯而已，就遭遇一場橫禍。

或許，誠如孔飛力先生在《叫魂》一書所言，「沒有什麼能夠佇立其間，以阻擋這種瘋狂」。

李子相

清朝版《隱祕的角落》

官府如何處理未成年人犯罪

乾隆四十三年（1778）四月二十日，四川鹽亭縣某村的三個小孩在河邊放羊。

其中一個小孩叫李子相，九歲；另一個叫劉縻子，九歲；還有一個叫李潤，不知道多大。

金銀花，
十二朵。
大姨媽，
來接我。
豬打柴，狗燒火，
貓兒煮飯笑死我！

李子相
九歲
劉縻子
九歲
李潤

李子相從自己家地裡拔了一些蠶豆，讓李潤用火去燒烤。

烤好了，我們兩人分著吃。

劉糜子看到了，就向李潤討了一顆豆吃。

瓜娃子，先給我一顆豆。

吃完了，劉糜子又向李子相討。李子相不給，還罵劉糜子。劉糜子便回罵。李子相就用手推劉糜子，劉糜子就朝李子相左肋打了一拳。

瓜娃子，你也給我一顆。
我給你一個錘子。

劉糜子

李子相

北斗神拳！

我的北斗神拳
終於練成了。
子相好像不動
了，不會……
啊！

李子相倒地，右邊的腰剛好撞到一塊石頭上，人就這麼死了。

李子相的家人很快就報官，鹽亭縣知縣過堂問案。案情很清楚，也很簡單：劉縻子失手殺死李子相。

小小年紀，就
如此凶殘。

史料沒有記載當時鹽亭縣知縣是如何給劉麼子定罪的，但我們可以對照《大清律例・名例律》中的「老小廢疾收贖（以銀贖罪）」條文，其中關於青少年犯罪的條文具體如下：

凡年……十五以下……犯流罪以下收贖。（其犯死罪及犯謀反、叛逆，緣坐應流，若造畜蠱毒、採生折割人、殺一家三人，家口會赦猶流者，不用此律。其餘侵損於人，一應罪名，並聽收贖。犯該充軍者，亦照流罪收贖。）……十歲以下……犯殺人（謀故鬥殺）應死（一應斬絞）者，議擬奏聞（犯反逆者不用此律），取自上裁；盜及傷人（罪不至死）者，亦收贖（謂既侵損於人，故不許全免，亦令其收贖），餘皆勿論。（謂除「殺人應死者，上請」、「盜及傷人者，收贖」之外，其餘有犯，皆不坐罪。）……七歲以下雖有死罪不加刑……其有人教令，坐其教令者；若有贓應償，受贓者償之。（謂……七歲以下之人皆少智力，若有教令之者，罪坐教令之人。或盜財物旁人受而將用，受用者償之；若老小自用，還著老小之人追徵。）

對照上文可知，九歲的劉麼子鬥殺了九歲的李子相，依法應處絞監候，然後需要報給乾隆皇帝裁決哦。
史
沒有這麼簡單，因為清朝除了成文法外，還有些判例法，也就是說之前皇帝判定的案子也可以成為援引的依據。

這就涉及雍正年間的一起青少年犯罪了。雍正十年（1732）五月，江西巡撫謝旻具題了一則案件。

這土塊也能
砸死人？!
江西巡撫 謝旻
丁乞三仔案

江西省某縣某村，有一個叫丁乞三仔的十四歲少年。某一天，他與族兄丁狗仔（可能在十八歲以上）一起挑土。

丁狗仔
丁乞三仔

丁狗仔欺負丁乞三仔年幼，讓他挑運重筐，又拿土塊擲打他。丁乞三仔拾起土塊回擲，不料擊中了丁狗仔的小腹，致其殞命。

我們對照上文可知，丁乞三仔十四歲，依照《大清律例》來看，為完全刑事責任年齡，不得減免刑罰，丁乞三仔便被當地的知縣依律判處絞監候。

公正廉明
丁乞三仔因過失殺死丁狗仔，按律絞監候。

知縣初審結案之後，按照清朝的司法流程，應該將案件報給知府審轉，知府二審後，轉江西按察使三審，再報江西巡撫審核，並由巡撫具題，然後刑部覆核。

清朝的死刑複核，無非就是刑部會同大理寺等部門複查案卷，時間在每年農曆八月。複查的時間有限，而在有限的時間要複查全國所有的案卷，可想而知工作會多麼粗糙了。念一下案情和判決結果，大家沒有異議就通過。

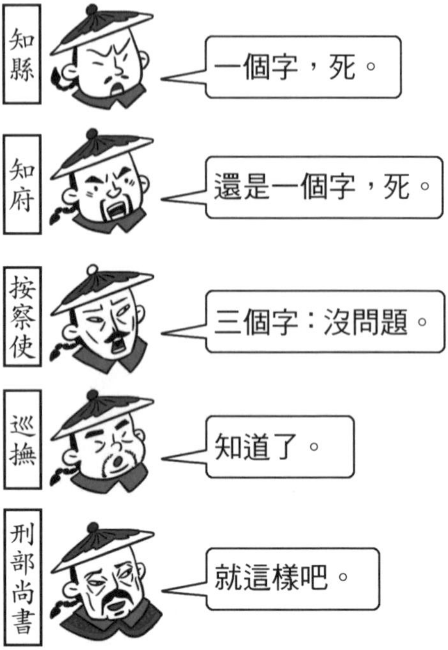
知縣
一個字，死。
知府
還是一個字，死。
按察使
三個字：沒問題。
巡撫
知道了。
刑部尚書
就這樣吧。

名單
差不多就行了，死刑名單報給陛下吧。

明清時期，死刑都需要皇帝「親筆勾決」，一般來說，皇帝看到名單後，按心情勾決排名靠前的犯人，通常十個裡面勾決三、四個，心情不好的時候則勾決七、八個。

沒有誰比我更懂治國。
明朝天啟皇帝
魏忠賢

在午夜看到這樣的案子，氣得我宵夜也沒心情吃了。
雍正

如果丁乞三仔碰到天啟這種荒政的皇帝，估計就危險了，誰知道他碰上了雍正這個工作狂。雍正把案卷看了又看，覺得丁乞三仔這個死刑不能勾。

不依了，朕就是
這樣的漢子。
陛下，依法
辦案啊。

雍正認為，丁狗仔「先撩者賤」，丁乞三仔不過是出手反抗，結果誤殺了丁狗仔。丁乞三仔完全情有可原，應該從寬免死，減等發落，然後給死者賠點喪葬費就行了。

雍正這個判例，後來成了針對十一歲到十五歲犯死罪的未成年人所做處罰的補充規定。要適用減輕刑罰規定，需同時具備兩個條件：

以後都給朕
按這個辦！
❶死者比該犯年長四歲以上；
❷死者逞凶欺凌該犯。

史
當然，這種案犯最終是否減輕刑罰，必須奏請皇帝裁決。

乾隆四十三年劉縻子鬥殺李子相案，經過鹽亭縣知縣一審，潼川府知府二審後，到了四川總督文綬那裡，結果就是「將劉縻子依律擬絞監候，並聲明劉縻子年僅九歲」。

四川總督　文綬

總督文綬把案子報給刑部後，刑部認為此案事實清楚，劉麋子與李子相爭起於一時，並非故意殺人。

劉麋子只是徒手毆打、推李子相，沒有使用金刃或其他器物。
李子相因失足被石頭碰傷而死，死亡的結果為劉麋子意料之外。
劉麋子的主觀惡性不大，過失殺人，情有可原。

按照刑部以往的慣例，劉麋子毆死李子相一案的最終處理結果，很可能和丁乞三仔案差不多：劉麋子的家長依照法律規定，賠付李子相的家長燒埋銀二十兩，劉麋子「減等發落」。

節哀。
滾。
劉糜子父親
李子相父親

什麼叫減等發落呢？根據《大清律例》的相關規定，死刑減一等是為流刑，減二等是為徒刑，而十五歲以下的未成年人犯罪，流刑及以下刑罰均收贖。也就是說，劉糜子的家長給政府繳一點錢，劉糜子連流放都免了。

事實上，刑部也是將這樣的判定結果報給乾隆了。乾隆仔細看了案卷後，先表揚了一下四川總督和刑部依法辦案，卻明確否決了刑部對劉麼子減刑的建議。

死者李子相與案犯劉麼子年歲相當，劉麼子不但先挑釁還逞凶，能就這麼放了他嗎？
乾隆

蒼天有眼啊！

乾隆認為，如果劉麼子不坐牢，這對李子相和他的家人很不公平！

囚

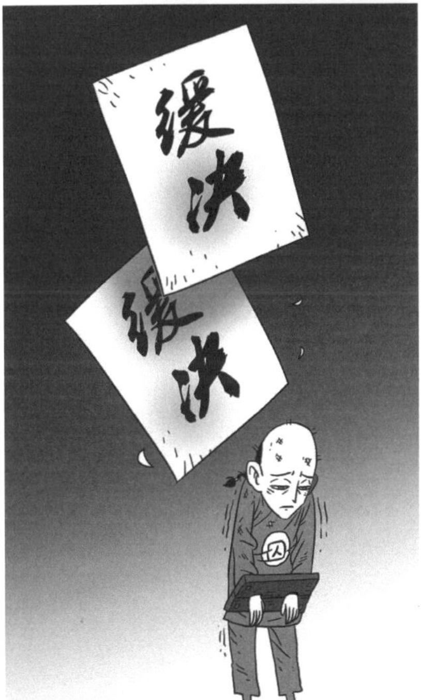
緩決
緩決

乾隆不同意減等收贖，意味著劉麇子要經秋審後進入「緩決」。

清朝時期，進入秋審階段的未成年人案犯，除非那種殺別人全家的少年犯，最終結果還是「減等收贖」；如果皇帝還不減，則又進入下次「緩決」。通常「緩決」兩次即可減等收贖。

不過，關三、五年後，劉糜子大概會被改判流放，而十五歲以下的犯人被判流放，家裡人可以透過繳一定數額的錢，使犯人免於服刑。

吃點苦頭也好。

自由
囚

等到十三、四歲，劉糜子就可以恢復自由身了。而小小年紀就有了幾年牢獄生涯的劉糜子，想必再也不會這麼囂張了吧。

乾隆對劉縻子不予減輕刑罰，其目的是透過創制新的判例向百姓公開表達這一法律原則——「赦幼」要有限度，應該兼顧「懲惡」。

對於未成年犯罪，如果是兇手先挑釁，就不能一味包庇兇手，否則何以安撫受害者的在天之靈。

子相，你可以瞑目了。

編後語
史

對老幼的憐憫，可以說是人類的一種自然天性，同時這又是古代士大夫所推崇的「王者之政」的表現之一。所以，「敬老愛幼」既是中華民族的傳統美德，也是中國傳統法律文化中的重要內容。在「明德慎罰」思想指導下形成的「赦幼」原則，一直貫穿在中國傳統法律中。

從《禮記》到《大清律例》，「幼」即未成年人，大多是與「耄」（即老人），還有廢疾者同時出現的。由於幼與老及廢疾者在社會生活中處於弱勢地位，因此，法律應對他們給予特殊的優待與照顧。「赦幼」的本質是「矜弱」，也是「皇恩浩蕩」之體現。正如《大清律輯注》在解釋「老小廢疾收贖」條的宗旨時所言：「此條義重敬老慈幼，矜不成人，乃法中之恩也。」但是，敬老愛幼並非沒有限度。

在「劉縻子毆傷李子相身死」一案中，乾隆對劉縻子不予減輕刑罰，其主要目的是想透過創制新例（立法）以及對該例的適用（執法），向臣民公開表達這一法律原則：「赦幼」是有限度的。根據乾隆針對劉縻子案所下的諭旨可以總結出，這種限度所指主要包含以下三層含義。

其一，「赦幼」應該兼顧「懲惡」。在中國傳統社會中，殺人償命是一條基本的法律原則，但考慮到未成年人的身心發育尚未成熟，因而只對主觀惡性較大的少年殺人犯採取刑事制裁，例如謀殺、故殺和鬥殺，而對誤殺、戲殺、過失殺以及其他情節較輕的犯罪予以赦免。

在劉縻子一案中，乾隆之所以駁回奏請，主要也是認為劉縻子「九齡幼童即能毆斃人命」，案犯主觀惡性較大。古代中國社會是一個小農經濟社會，人口的流動性很低，一個人從小受家庭影響而養成的性格往往是伴隨終身的，形成的觀念是牢不可破的，「三歲看大，七歲看老」這一古老的俗語有一定的客觀依據。「赦幼」的本質是「矜弱」，兇手劉縻子確實是「幼」，但受害者李子相也是「幼」，在雙方同齡的情況下，就要看誰是「弱」，誰「作惡」了。如果不對劉縻子進行一定的懲治，那就違背了保護未成年（矜弱）的原則並「放任」惡。

其二，「赦幼」的同時要兼顧被害人及其家人的情感與利益。死者李子相與兇手劉縻子同為九歲幼孩，如果對劉縻子予以減等收贖，那麼劉縻子家除了要付一小筆罰金，再不用接受任何處罰，這對死者李子相及其家人來說顯然是不公平的。

透過刑罰懲治劉縻子，來撫慰李子相及其家人，並預防李子相的家人進行同態復仇乃至報復社會，這可能也是乾隆考慮的內容之一。儘管劉縻子經過秋審入於緩決，緩決兩次可奏請減等收贖，但至少讓劉縻子吃了幾年牢飯，受到教訓，總比直接放了好。

其三，「赦幼」應該考慮未成年人身體與心理發育的客觀情況。九歲的孩子對基本的是非曲直，以及可能致人死亡的侵害行為應該有了一定的辨識能力。

概而言之，乾隆在處理劉縻子案的過程中，用專制的手段創制新的判例，並讓它成為清代司法的一部分，從而令「赦幼」原則兼顧了「懲惡」的功能。

由於各種原因，犯罪低齡化已成為未成年人犯罪的特點。刑法規定，未滿十四歲不予處罰，但可能接受保護處分。其背後的法理或許源自康德的「意志自由」。「意志自由」是康德證成人類「至善」的理想而提出的三大公設之一，康德主張一個人有運用理性辨別是非善惡，並以此決定如何行為的能力。因為人的意志是自由的，所以違法行為就是其自主選擇的結果，當然這也要承擔選擇的代價——接受法律的制裁。但在這種「理性人」假設中，兒童卻和精神病人一併被排除在外。既然兒童沒有辨認和控制能力，即使實施了違法行為，也不能對其進行道義上的非難。所以，未滿十四歲的未成年人犯罪，也就不用承擔刑事責任。

與西方古典哲學大師康德所理解的不同，在中國古人的觀念史中，沒有存在過一個外在的、絕對的主宰，因此，人憑藉自己的思想行事，也為自己的行為擔責，這被視作再正常不過的事情。一個人能夠不訴諸外在而自我證成人生的圓滿，是因為他生而具備「四端」——「惻隱之心，仁之端也；羞惡之心，義之端也；辭讓之心，禮之端也；是非之心，智之端也」（《孟子．公孫丑上》）。所以，清律並不認為七歲以上未成年人沒有辨認和控制能力。

到了近代，西方刑事責任年齡的理念與制度逐漸為中國學者所接受。民國法學家趙琛在其 1930 年代出版的《少年犯罪之刑事政策》一書中寫道：「少年心理，本極單純，故其犯罪之動機，大抵出於衝動，而不暇深思熟慮，己有所欲，必思奪取，己所憤恨，必思報復，此與成年人之富有理性者，頗異其趣。」這種少年感性與成人理性的二元對立的說法，顯然將少年排除在「理性人」之外。

然而，「少年是非理性人」這種假說日益受到挑戰。首先，一些未滿十四歲的未成年人很可能非常清楚自己實施違法行為的後果，卻積極追求這種後果的發生；其次，隨著生活水準的提高和網路的發展，未成年和成年的分界線已經變得模糊。

犯罪低齡化已成為社會重要問題。從立法上保護未成年人，雖然是社會和法治進步的表現，但寬容不是寬縱。如何處理未成年人犯罪，是當下無法避開的社會議題之一，傳統文化中的「赦幼矜弱」原則及其背後的法理淵源，或許有可資借鑑的地方。

王樹汶

小小縣城關係網，
竟能製造出驚天冤案

說一個晚清小人物的故事。這個故事散落在《申報》、《清德宗實錄》和當時的文人筆記中。

晚清光緒年間，河南省南陽府鄧州（今河南省鄧州市）東鄉大汪營，有一個少年叫王樹汶，虛歲十五。

人生就像一盒巧克力，而我不知道什麼是巧克力。
王樹汶

光緒五年（1879）十月二十五日這天，這小子因為偷家裡的零用錢，被他爹王季福吊起來打。

鱉孫，偷錢買點數還是買裝備了？
給女主播送禮物……

一氣之下，王樹汶離家出走。

這個家已經不值得
我留戀了。

小二，你這兒結
帳能刷卡嗎？
客官，能刷呀！
能刷碗嗎？
那不成。

在外面晃悠了一天後，王樹汶餓了，便來到一個小餐館。

小二，老子沒帶
錢，怎麼辦？
就問你要不
要被揍吧？

吃飯的時候，他認識了兩個混混。

小二，那位小兄弟的飯錢算我的。
好吧！

小弟姓王名樹汶，敢問兩位哥哥尊姓大名？
胡廣得，江湖人稱「大鬍子」。
豬娃。
王樹汶
胡廣得
范豬娃

有什麼不開心的事，說出來讓我們開心一下。
小老弟這是遇到什麼困難了吧？
唉，一言難盡啊……

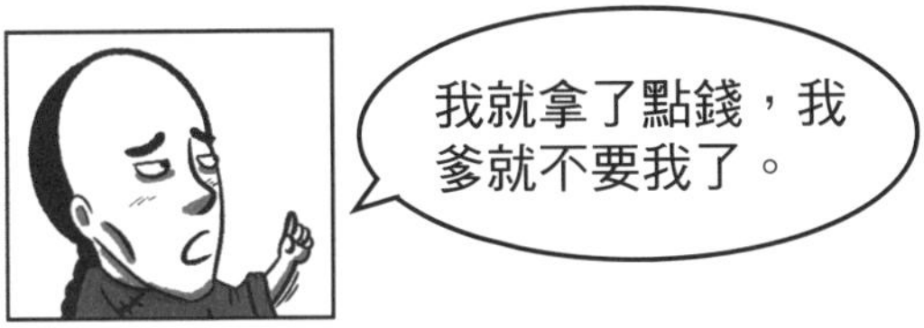
我就拿了點錢，我爹就不要我了。

馬瘦毛長蹄子肥，兒子偷爹不算賊。
可不是嘛！

於是，胡廣得就讓王樹汶跟著他混，還許諾一定不讓他受凍挨餓，王樹汶就答應了。

以後哥帶你有福同享，大碗喝酒，大塊吃肉。
謝謝大哥，赴湯蹈火，在所不辭。
帶你裝，帶你飛。

兩天後…

大哥，這是哪裡？
王河廟。

王河廟先前已經聚集了五、六十人，又陸續來了多人，加起來有百人左右。王樹汶根本不認識這些人。

為什麼這麼多人？
少說話。

其實，附近的村民也不認識這些人。

王河廟出現了這
麼多陌生人，我
要去報告寨長。

這一百多人以兩人為首。其中一個便是胡廣得，另一個王樹汶並不認識，聽他自己說，叫胡體洨。

沒有膽量，哪來的產量。今晚兄弟們聚義，兵分兩路，劫富濟貧。
胡廣得
胡體浚
大統領帶著一隊兄弟去張樓村，其他兄弟跟我去楊莊。

好，好，好！
好，好，好！

胡廣得對王樹汶說，他們要去打劫鎮平縣張樓村的富戶張肯堂，並讓王樹汶也一同前往。

張樓村的富戶張肯堂，為富不仁。小老弟也一起去吧。
啊！這麼突然的事……
兄弟該不會是退縮了吧你？

二更之後，胡廣得帶著一隊嘍囉，來到一片不知地名的曠野（實際上是營北村）。胡廣得等人將衣服脫下，讓王樹汶看守，實際上是想讓他望風接應。

小老弟你在這裡幫我們看衣服就行，哥哥帶著兄弟們去去就來。
好的。
一回生，二回熟。兄弟學著點。

不久，胡廣得搶劫回來，與眾人到一個地窖旁邊分贓，但沒有分財物給王樹汶。

大秤分金，
見者有份。
省著點花，
少逛點窯子。
必須的！
發財啦，
發財啦！

來路不正之財，
我不要……

當胡廣得等「賊匪」在王河廟聚集的時候，那裡的寨長已經收到消息。寨長生怕滋生事端，便悄悄派地保到縣裡去稟報此事。

報告寨長，王河廟出現大量不明身分的陌生人。
這還得了！狗剩，你趕緊稟告縣太爺。
狗剩
寨長

鎮平知縣馬翥接到消息之後，立即派遣家丁趙鈺、劉升帶領差役，並會同營兵前往緝拿。

張龍、趙虎，你們帶著差役和營兵速去王河廟緝拿賊匪。
老爺，上次不是說過了，不叫我們張龍、趙虎了嗎？
別太矯情了，咱老爺是包青天的「腦殘粉」。
師爺
馬翥
趙鈺
劉升

不是說有賊匪
嗎？人呢？
狗
剩
回差爺，賊匪已經
進村搶劫去了！

於是，差役和營兵便在廟旁蹲守。

遵命！
弟兄們，守住路
口，待賊匪出現
時關門打狗！
全都打起精神，
一個也別放過！
遵命！

天亮時分，在茫茫大霧中，差役和兵丁看到三個人影在慌張奔跑。其中，胡廣得和范豬娃身背包袱，後面跟著一個身背褡褳的小孩，此人便是王樹汶。

賊匪出現！
弟兄們上！

這時，兵役實施抓捕，胡廣得和范豬娃因拒捕，均被打傷。

老實點！
有種給老子個痛快！
哼！
寧死不降，啊！

小賊哪裡逃！
王樹汶
媽呀！
官爺勿勞神，
小的投降！
來人綁了！

差役們押解胡廣得等人回到縣衙，並把他們交給總捕頭劉學汰管押，等候知縣升堂問案。

劉捕頭，這三個毛
賊就交給你了！
放心。
劉學汰

前面我們講到，二頭領胡體洝帶著另一隊嘍囉去了楊莊。搞笑的是，胡體洝也被活捉了，被總捕頭他哥——劉全汰活捉了。

官爺，我投降啊！
我這是第一次啊！
少廢話！
胡體洝
劉全汰

東西雖好，跟
小的無緣啊！
這麼有天賦，第一次就
能搶這麼多好東西？

由於胡體洝打劫的贓物甚多，老兵劉全汰就起了將贓物據為己有的念頭。

小的看這些東西跟大人
有緣，交個朋友啊！
一點小
意思！
什麼意思？

如果放了他，日後恐會引起麻煩；如果不放了他，贓物就無法吞沒。兩難之下，劉全汰就派心腹去縣衙，請求弟弟——總捕頭劉學汰想想辦法。

這有何難，我給他
來一個三十六計中
的偷梁換柱。
劉學汰

總捕頭劉學汰覺得，王樹汶年幼可欺。

望官爺從
輕發落。
還只是個孩子啊，
可惜，可惜了！
王樹汶
劉學汰

吾乃鎮平縣劉總捕頭，想活命我倒是有個法子。
求大人指點。

你只要說你是胡體洝就好，剩下來的有本捕頭來安排。
好。

一切安排妥當之後，劉全汰押著胡體洝，來到南陽市宛城區袁營村村北的偏僻處，把他放了。

你可以走了，不過小子你得記住了，賊匪胡體洝如今在鎮平縣大牢裡。
您放心，我就算是貓是狗，也不是胡體洝。
劉全汰
胡體洝

稍後，差役又拿獲了兩個搶劫張樓村的嘍囉。至此，一百多名劫匪中，除了被放走的胡體洝，還有七個被捕獲。

胡廣得
范豬娃
王樹汶

賊匪甲
賊匪乙
嗵——！

其中胡廣得和范豬娃被打傷了，王樹汶被教唆稱自己是匪首胡體洝，那兩個新抓的嘍囉會怎麼說，這是個問題。所以，總捕頭劉學汰這個「偷梁換柱」之計還有漏洞。

嗯，有瑕疵。
兄弟，你這條計畫不完美呀！
劉學汰
劉全汰

於是，總捕頭帶著哥哥劉全汰，在監獄內指使兩個嘍囉，讓他們在南陽府（鎮平縣屬於南陽府）複審的時候，供稱：王樹汶即是胡體洝。

可惜，一個叫胡體洝的首犯跑了。
賊匪丙
賊匪丁

首犯全落網，從犯便從輕發落。
求兩位大人指點一條生路。
如果有人自認是胡體洝，你們識趣點，別多嘴就行。
好。
好。

不過事後看來，身為地頭蛇的劉氏二兄弟似乎多此一舉了，因為知縣正式升堂之前，胡廣得、范豬娃和其中兩個小嘍囉已經「監斃」，也就是莫名其妙死在監獄中。

胡廣得
范豬娃
王樹汶

賊匪甲
賊罪乙
嗵—!

至此，「王樹汶＝胡體洝」的偷梁換柱之計，就這麼設好了。

俺就是胡體洝，
胡體洝就是俺。

當然，這並不意味著劉氏兄弟的計謀萬無一失，因為鎮平知縣馬翥還要過堂。清代知縣是異地為官，知縣馬翥是外來的士子，到任還不到一個月，對鎮平縣的情況還不熟悉。

上任不到一月，就出了這麼一個大案子，真是晦氣。
大人明察秋毫！
馬翥

從抓捕搶劫集團時，馬翥讓自己的親信家丁帶隊的情況來看，他顯然是對總捕頭劉學汰並不完全信任，這至少表明馬翥是一個謹慎的人。

看來新來的馬大人
並不信任我啊！
劉學汰

　　但強龍難壓地頭蛇，劉氏兄弟在鎮平縣經營這麼多年，縣裡上下，他們都有關係，總捕頭劉學汰和馬翥的師爺就很熟，於是兩人串通好了矇騙馬翥。

這個案子，還請
師爺多多關照。
好說，好說。鐵打
的捕頭，流水的堂
尊（縣太爺）。
師爺

　　而且，馬翥剛上任不到一個月，就遇到了這麼一個集團搶劫大案，致使他對盜匪「忿恨已極」。在這種心態的支配下，他不免產生了「操切從事」的態度，急於敲定搶劫正犯。

下跪何人，
報上名來！
報上名來！
來！
小人胡……
胡體洨。
嗻！
張龍趙虎，
給我打！
招了還打啊！
我不是胡體洨，
我是王樹汶。

王樹汶的翻供，實際上是總捕頭劉學汰的教供所致，然而，馬翥當時並不知情，反而懷疑這是王樹汶的狡辯抵賴，於是他飭令值堂衙役用火香燒戳王樹汶的脊背。

王樹汶忍受不住，又說自己姓胡。

刁民，還想翻供，
給一點厲害的嚐嚐，
就老實了！
大人英明！

痛死我了！我
就是胡……體
…………
嘿呦！

之後，馬翥再也沒有過堂審問。就這樣，王樹汶被定為搶劫案中的另一正犯胡體洝，判斬立決，具詳上司。

案卷上報中……

案卷
胡體洨為搶劫正犯，
擬斬立決。

在鎮平縣初審結案之後，南陽知府任愷、署理按察使麟椿，均據鎮平縣詳文審轉。巡撫塗宗瀛照擬具題。

案卷
胡體洨為搶劫正犯，
擬斬立決。

案卷
胡體洨為搶劫正犯，
擬斬立決。

刑部官員檢查供情後，沒有發現異常，同樣照議核覆。

案卷
胡體洝為搶劫正犯，
擬斬立決。

雖然王樹汶案按規定經過了層層審轉，但各級承審官員都沒發現其中的破綻。會有此一結果，原因不外乎以下兩點——

第一，在「府臬過堂」時，也就是南陽知府和署理按察使複審時，王樹汶仍堅守自己是胡體洝。

我就是胡……
胡體洝。
王樹汶

……
賊匪丙
賊匪丁

那兩個還活著的小嘍囉也沒有翻供，指出王樹汶並非胡體洝。

看起來清清楚楚，明明白白，沒問題。
胡體湲團夥打劫案

第二，在一般情況下，刑部官員審核案件，除了要審查法律問題，也要考究事實問題。不過，他們僅僅是審核書面材料，並不提審罪犯和證人。

因此，面對這種精心編造的審轉文書，刑部官員較難發現其中隱藏的冤抑，於是核准了斬立決。

東西都送給大人，能換條活命嗎？
縱觀此案，因為兵役的貪婪導致了吞沒贓物和私縱盜犯之事。
你只要說你是胡體湲，我保你無事。
好。
衙役的奸詐，導致了王樹汶被教供妄認和主動頂名冒姓之事。

師爺的欺蒙，導致了篡改卷宗之事。

還請師爺多多關照。
好的！

張龍趙虎，給我打！

知縣的急躁，導致了刑訊逼供之事。

審轉官員的大意，導致了案件覆核「走過場」之事。

卷案
胡體洝為搶劫正犯，
擬斬立決。

所有這些因素
共同作用，最
終導致了王樹
汶案初審的覆
盆之冤。

一年半後……

光緒七年（1881）七月初八日上午，王樹汶被押往法場，等候午時三刻問斬。

唉……
人間不值得。
押赴刑場，出發！
出發！出發！

據野史記載，路過城隍廟的時候，拉囚車的兩匹騾子突然發狂，衝進城隍廟不動。

剎車！剎車！
剎車！

清代有一個不成文的規矩，負責行刑的官員處決犯人後，都要進行一套驅除邪魔鬼祟的活動，其中最重要的一項就是去城隍廟敬香。

現在犯人還沒有斬，囚車居然被拉進了城隍廟，而且王樹汶也趁機喊冤。

砰！

真冤啊！

在古代，喊冤的方式有三種：

擊鼓喊冤

冤！

攔駕喊冤

冤！

臨刑喊冤

冤！

嘿呦！

臨刑喊冤是指囚犯要被執行死刑了，突然大喊冤枉。大多數情況下，官員都不會多加理會，即便確實有人能重新翻案，但那種例子實在罕見。

此事必有蹊蹺！
監斬官 陸惺

王樹汶很幸運！當時的監斬官陸惺以為案情有異，奏請複查。

三天後，河南巡撫塗宗瀛接到了南陽按察使的稟報，說有犯人「臨刑喊冤」。

來人啊，讓南陽按察使先將大盜胡體洝候監。
河南巡撫 塗宗瀛
迴避
迴避

河南巡撫下令停刑，派人覆訊該案。在覆訊過程中，王樹汶自陳父親名叫王季福，在鄧州務農。於是，巡撫指令鄧州知州朱光第拘傳王季福到案。

巡撫大人放心，
卑職一定照辦。
鄧州知州　朱光第

只要王季福一到案，這個案子就翻定了，可惜事情又出現了波折。

好消息呀！
升職
加薪

在這個節骨眼上，原河南巡撫塗宗瀛升調兩湖總督，前河道總督李鶴年繼任新河南巡撫。

新舊交接歡送會
恭喜塗大人再上一層樓。
同喜同喜。
李鶴年
塗宗瀛

原河南巡撫被調走後，新河南巡撫接手了這個案子。

胡體洨集團打劫案

前面說過，南陽知府任愷是此案的二審官員，此時他也升官了，升了道員。而且，他與新巡撫李鶴年的關係很好！

那是必須的。
恭喜好哥兒們又高升了，以後還請多多關照。
李鶴年
任愷

朱老弟，給愚兄一個面子。

為了掩飾錯案，任愷修書給鄧州知州朱光第，要求朱別拘傳農民王季福。

當官不為民作主，不如回家賣紅薯。
朱光第

雖說官大一級壓死人，但朱光第不為所動，繼續拘傳農民王季福。

不僅如此，朱光第還把此事爆料給媒體，晚清的《申報》持續跟進，各種挖猛料。

申報
申報

言歸正傳，王季福到案後，在河南巡撫衙門的大堂接受訊問，證實了其與王樹汶是父子。

兒子，兩年前不該打你啊，我後悔了。
爹，比起社會的毒打，您那幾下全是真愛！
王季福
王樹汶

愁啊愁，愁就白了頭，自從我與你呀分別後，我就住進監獄的樓……*

王樹汶並非胡體洝，此時已是眾人皆知，無可掩飾。

然而，新巡撫李鶴年有意袒護自己的好哥兒們，即二審官員前南陽知府任愷，便指使辦案人員將王樹汶定性為強盜從犯。

現已查明，此人並非主犯胡體洝，但也是個從犯。
李鶴年
王樹汶

按大清律，強盜不分首從，只要是得了財物，皆斬。這樣一來，原一審、二審的各級官員都可以免於承擔責任。

＊遲志強的歌曲〈愁啊愁〉中的歌詞。

反正都是刁民，
舉手之勞罷了。
承蒙李大人關照，
我等感激涕零。
李鶴年
任愷
馬翥

李鶴年是奉天義州（今遼寧省錦州市義縣）人，他如此辦案，在河南草菅人命，自然會引發京中河南籍的御史等官員的不滿。這些官員聽聞後，紛紛上章揭發、彈劾李鶴年。

欺負俺們河南朝
中無人是嗎？

此案清清楚楚，明明白白。
求朝廷複查，以正視聽！

光緒八年（1882）正月，李鶴年將案件審理的「大概情形」上奏朝廷，同時請求朝廷派欽差複審，核實案情。

下有媒體跟進，輿情洶湧，中有御史上書，大鳴不平，光緒皇帝便恩准了河南巡撫的請求，諭令河道總督梅啟照為欽差大臣，重新審查王樹汶一案。

想捂蓋子，這是挖我大清的牆腳，一定要查個底朝天。
微臣領旨。
光緒
梅啟照

梅啟照為一代名臣，他認為王樹汶確實是從犯，不能為了遷就輿情和「聖意」，就改變他對案情事實的判斷。是以經過一番「覆訊」，欽差梅啟照「以樹汶為從盜，當立斬」。

王樹汶確屬從犯，按律當斬。

號外號外！王樹汶案欽審結果已出！
申報

消息傳出後，輿論為之嘩然。

光緒為使眾人信服，指令刑部提審該案。

老梅啊，還是這麼油鹽不進，只能換刑部出馬了。

趙鐵面，
看你的了。
沒問題！
部刑
潘祖蔭
趙舒翹

時任刑部尚書潘祖蔭高度重視，指派其得力幹將——刑部郎官兼秋審處總辦趙舒翹主審此案。

趙舒翹不負眾望，經過數月的調查取證和反覆研究，終於將冤案的黑幕層層揭開，並代表刑部擬出要向皇帝提交的奏稿。

鎮平縣劉全汰吞沒贓物，
放走盜首胡體洝，
捕頭劉學汰誘使王樹汶冒名頂替胡體洝。
鎮平知縣馬翥破案心切，造成冤案。
二審原南陽知府任愷玩忽瀆職，
現河南巡撫李鶴年妄圖捂蓋子，
阻擾冤案平反。
這就是整個事
情的原委！

值得一說的是，在趙舒翹複查的過程中，李鶴年曾派人入京，向刑部尚書潘祖蔭反覆說情。

你看你來就來嘛，還整這套。
潘大人，大家同朝為官，得饒人處且饒人。
潘祖蔭

唉，容我再想想。

潘祖蔭幾為之動搖，要將趙舒翹的奏稿毀去。趙舒翹堅決不讓步。

老趙，那個案子你看是不是……
舒翹一日不去秋審，此案一日不可動也。

只要我還是秋審，這個案子誰都別想動。

後來，刑部採納了趙舒翹的意見，並以此上奏朝廷。

是這樣啊……

最終，光緒皇帝下旨，王樹汶改判杖一百，徒三年，知縣馬翥革職發往軍臺，知府任愷、巡撫李鶴年、欽差梅啟照，以及其他承審該案的官員，皆分別情況加以降革。王樹汶的冤情，至此終得昭雪。

申報
正義有遲到　但不會缺席
王樹汶案終得昭雪

編後語

或許是因為近代報紙媒體的興起，對社會事件報導增多，給人留下了晚清冤獄特別多的印象。民間津津樂道的晚清「四大奇案」中，流傳最廣、影響最大的當數「楊乃武與小白菜案」。

已被改寫成小說、戲曲的「楊乃武與小白菜案」，時至今日依然廣受矚目。其實，從冤獄平反過程的艱難曲折的程度來看，漫畫中的王樹汶案毫不遜色。楊乃武案之所以吸引目光，一是因為新科舉人楊乃武居然與豆腐坊夥計的娘子小白菜存在令人遐想的私情，最終導致小白菜「謀殺親夫」，兼具情色與暴力；二是楊乃武的姊姊楊氏上京告御狀的行為，引發後世人們的同情。

相較而言，王樹汶案中並沒有楊乃武與小白菜案中這些吸睛的情節。唯一可以說的，就是「臨刑呼冤」這一舉動，超乎常規地啟動了平反冤獄的司法程序。

那麼，王樹汶案中值得我們掩卷深思的地方在哪裡？

在大眾的想像中，一個震動最高領導人的冤案，背後的主使者一定是個「大人物」。唯有大人物，才有能力製造冤案。但現實中，很多情況下卻並非如此，比如王樹汶案的罪魁禍首——鎮平縣的劉全汰、劉學汰兩兄弟，他們的力量僅限於鎮平縣這個地方。為什麼兩個基層的兵役因貪墨贓物而製造的一起冤獄，會把這麼多官員，甚至是封疆大吏、欽差大臣都拖下水？

劉氏二兄弟設計的「偷梁換柱」之計看似完美，但依舊存在被揭破的可能性。它之所以未能被及時揭穿，是因為存在著很多的「巧合」。

鎮平知縣馬翥並不能說是一個糊塗的人。從馬翥抓捕搶劫集團時，讓自己的親信家丁帶隊的情況來看，顯然他對總捕頭劉學汰並不完全信任，這至少表明馬翥是一個謹慎的人。但強龍難壓地頭蛇，劉氏兄弟在鎮平縣經營這麼多年，縣裡上下都有他們的關係，同案犯胡廣得、范豬娃莫名其妙地死在獄中，就是這種縣城關係網的體現。

而且知縣馬翥到任還沒有一個月，對地方情態很不熟悉。在他看來，集團搶劫這個大案無疑是給自己的一個下馬威。在這種心態支配下的馬翥，不免「操切從事」，想急於破案，讓自己在鎮平站穩腳跟，威服人心。也正是這種心態，讓他未能秉遵「虛衷聽審」的原則，從而無意中成為劉氏二兄弟的幫兇。這是一個「巧合」。

南陽知府任愷也不能說是一個無能的人。王樹汶只是一個實際年齡十五歲左右的小孩，在縣衙過堂時被打怕了，因此，在南陽府衙過堂時，他「仍照前供」。在這種情況下，其他官員是很難發現案件存在的冤抑的。這又是一個「巧合」。

至於刑部覆核，在一般情況下，刑部官員複審案件除了審查法律問題，也要考究事實問題。不過，他們僅僅是「書面審」，並不提審罪犯和證人。因此，面對這種精心製作的審轉文書，刑部官員較難發現其中隱藏的黑幕。這還是一個「巧合」。

概而言之，兵役的貪婪，導致了貪墨贓物和私縱盜犯之事；衙役的奸詐，導致了頂名冒姓之事；知縣的急躁，導致了刑訊逼供之事；審轉官員的各種「巧合」，導致了審轉程序的「走過場」。所有這些因素匯聚起來，最終造成了王樹汶案初審的覆盆之冤。其中，存心製造冤獄的人只是劉氏二兄弟兩個差役（吏），地方官僚（官）多是無心之失。

即便如此，冤案一旦形成，想翻案就沒有那麼容易了。誠如當時的刑部所說：「原審以荒謬始，以捏飾終，複審以彌縫始，以周內終。」言外之意是在翻案的過程中，存在著「揭蓋子」與「捂蓋子」的對抗。在此期間，以新河南巡撫李鶴年為主，原南陽知府任愷為輔，河南地方官員結成了一個捂蓋子的團體（當然內部也有心存良知的官員，如鄧州知州朱光第）；以刑部官員為核心，則結成了一個揭蓋子的群體。

在這場揭蓋子與捂蓋子的對抗中，光緒皇帝做出多道批示後，才解決了問題。王樹汶案的平反昭雪昭示了正義的勝利，也昭示了河南地方官員群體在這場權力鬥爭中的失敗，但晚清地方的社會治理與司法實踐，卻很難說因此而得到了改善。

漫畫圖解・古人如何過好這一生

在歷史的大風大浪中，小人物如何在逆境中求生存

作　　者——鏟史官
封面設計——江孟達
內文設計——劉好音
執行編輯——洪禎璐
責任編輯——劉文駿
行銷業務——王綬晨、邱紹溢、劉文雅
行銷企劃——黃羿潔
副總編輯——張海靜
總 編 輯——王思迅
發 行 人——蘇拾平
出　　版——如果出版
發　　行——大雁出版基地
地　　址—— 231030 新北市新店區北新路三段 207-3 號 5 樓
電　　話——（02）8913-1005
傳　　真——（02）8913-1056
讀者傳真服務—（02）8913-1056
讀者服務 E-mail — andbooks@andbooks.com.tw
劃撥帳號 19983379
戶　　名 大雁文化事業股份有限公司
出版日期 2025 年 8 月 初版
定　　價 499 元
ISBN 978-626-7752-23-4

作品名稱：《古人如何過好這一生》
作者：鏟史官
本書由廈門外圖凌零圖書策劃有限公司代理，經中南博集天卷文化傳媒有限公司授權，
同意由如果出版・大雁文化事業股份有限公司出版中文繁體字版本。

國家圖書館出版品預行編目資料

漫畫圖解・古人如何過好這一生：在歷史的大風大浪中，小人物如何在逆境中求生存／鏟史官著 . -- 初版 . -- 新北市：如果出版：大雁出版基地發行 , 2025.08
面；公分
原簡體版題名：古人如何过好这一生
ISBN 978-626-7752-23-4（平裝）

1. 中國史　2. 通俗史話　3. 傳記　4. 漫畫

610.9　114010389

圖書許可發行核准字號：文化部部版臺陸字第 114104 號
出版說明：本書係由簡體版圖書《古人如何過好這一生》以正體字在臺灣重製發行，期能藉引進華文好書以饗臺灣讀者。

如果